FUORI
SCENA

Raccontiamo quello che non si vede

ANDREA SCARPA
intervista
MARIO MAFFUCCI

Samurai

Le avventure di un Forrest Gump
della tv dietro le quinte del potere

FUORI SCENA

ISBN 979-12-225-0010-2
Prima edizione: gennaio 2025

Prologo

Zainetto e K-Way. Per capire meglio chi è Mario Maffucci, uno dei grandi protagonisti – dietro le quinte – della tv italiana degli anni Ottanta e Novanta, nel suo caso di quella Rai che proprio in quel periodo si ritrovò con Fininvest al centro di uno straordinario intreccio di interessi economici, politici e culturali, bisogna partire proprio da lì: zainetto e K-Way. Mario prima di uscire di casa prende il primo, ci infila dentro il secondo, se lo mette sulle spalle e va. Che sia estate o inverno, mattino o sera, caldo o freddo, nulla cambia. Non li molla. E quando gli dici che a luglio, con 40 gradi all'ombra, la pioggia è un po' difficile che arrivi, lui risponde in maniera disarmante, raccontando un po' di sé: «Non si può mai sapere. Preferisco stare tranquillo. Da ragazzo, un giorno, feci un'escursione in montagna dalle parti di Belluno e andò malissimo. Partii la mattina, da solo, con un sole meraviglioso e il cielo azzurro. Dopo due ore di cammino si scatenò una specie di diluvio universale che mi costrinse a stare sotto l'acqua e i fulmini per un'ora, senza niente con cui ripararmi.

Da allora mi porto sempre il K-Way dietro. Voglio andare ovunque, affrontare tutto, ma in sicurezza. In fondo, sono un vecchio boy scout. Mi piace l'avventura, farmi guidare dall'istinto e magari andare un po' oltre, ma non faccio cazzate». Poi si ferma, si guarda intorno – siamo nel salotto di casa sua – muove lentamente la mano destra davanti al viso, con un gesto quasi da giocatore di ping pong, e sorridendo sottolinea: «L'avventura? Diciamo che mi piaceva. All'età mia, dove vado?».

Romano, classe 1939, moglie, due figli e due nipoti, fisico dritto e asciutto, capelli lunghi e bianchi da highlander, Mario ha lavorato in Rai dal 1968 al 2000 come giornalista, conduttore, autore e dirigente. Partito con programmi di impegno divulgativo e sociale (*Spazio*, *Il pianeta dei dinosauri*, *Droga: che fare*, *Apriti Sabato*) nel corso degli anni – soprattutto dal 1987 in poi – ha ideato, gestito e diretto artisticamente decine di produzioni nel settore dello spettacolo puro che hanno letteralmente cambiato il volto del panorama televisivo italiano: *Fantastico 8* con Adriano Celentano, la parodia dei *Promessi sposi* con il trio Lopez-Marchesini-Solenghi, il cabaret del Bagaglino e i primi Festival di Sanremo da record (con lui è tornata l'orchestra dal vivo). E poi i grandi eventi: i concerti di Pink Floyd, Madonna e Prince, il Pavarotti & Friends, l'incontro a Bologna di Giovanni Paolo II con 400 mila giovani e le performance sullo stesso palco di Bob Dylan, Adriano Celentano, Andrea Bocelli e Lucio Dalla, la maratona musicale del Primo Maggio in piazza San Giovanni e anche l'alta moda nelle piazze più belle di Roma.

Insomma, una vera e propria rivoluzione, che registrava o anticipava i grandi cambiamenti in atto nella società e nel costume del nostro Paese, messa in atto confrontandosi con il modello della tv commerciale di Silvio Berlusconi. In maniera sempre più aggressiva e spericolata, quest'ultima cercava in tutti i modi di spezzare il monopolio della Rai, imponendo indirettamente l'adozione in corsa di scelte tanto tempestive quanto coraggiose (quasi eccezionali se confrontate con quelle generalmente mediocri e consolatorie di oggi), frutto anche di una visione complessiva del servizio pubblico, inteso come offerta di qualità per tutti. Una visione che oggi non solo si fatica a ritrovare ma non si riesce neanche a immaginare. In pratica, tutto quello che state per leggere in questa lunga intervista a Mario Maffucci. Che all'inizio non voleva proprio farla («Ma a chi vuoi che interessino queste vecchie storie? È roba da tromboni»), e in seguito ha accettato – con entusiasmo – ponendo una sola condizione: iniziare parlando di Forrest Gump.

Tutto quello che leggerete è frutto di decine di mail con gli appunti di Mario, altrettante telefonate fatte più o meno all'alba, qualche faticosa ma divertente videochiamata, e ventitré ore e cinquantasei minuti di registrazioni, raccolte in una decina di pranzi fatti a Roma, in una trattoria vicina al «Messaggero», o direttamente a casa di Mario. Il criterio seguito è molto semplice. Raccontare esclusivamente situazioni vissute in prima persona dal suo speciale punto di vista: quello di un dirigente con responsabilità sempre maggiori nello spettacolo di Rai1, la rete ammiraglia del servizio pubblico. Il centro del sistema mediatico italiano. Ieri come oggi.

L'ordine non è cronologico perché non c'è alcuna pretesa storica ma è dato dall'importanza dei momenti vissuti, il valore delle persone, le emozioni condivise. Un racconto simile al meccanismo delle scatole cinesi: se ne apre una e quella ne contiene tante altre. «Ricordi di vita ordinaria e fantastica,» dice Mario «piena di fatica, miserie e colpi bassi, ma anche di risate, follie, momenti surreali, e tanti incontri con bella gente, artisti eccezionali, fuoriclasse pronti a tutto».

Personalmente sono contrario al «tu» nelle interviste perché usandolo si dà a chi legge l'idea di una confidenza con l'interlocutore che non giova alla credibilità della conversazione: chi scrive deve stare dalla parte del lettore, non dell'intervistato. Deve in qualche modo essere la sua voce. In questo caso, però, negarcelo sarebbe stata una bugia, oltre che un'inutile formalità, che ci avrebbe fatto iniziare malissimo perché alla fine la «missione» di questo piccolo grande progetto è fissare nero su bianco qualche piccola grande verità di un'avventura professionale e umana straordinaria che, nella sua dimensione pubblica, inevitabilmente dice qualcosa anche del nostro Paese – com'era e com'è – e di tutti quanti noi. E poi ci conosciamo da anni, ormai siamo amici.

Prima parte

Fuga da Viale Mazzini

Resistere e rilanciare

Mario, ma che c'entra Forrest Gump con te?
Tanto. E questa cosa voglio dirla chiaramente, perché altrimenti non si capisce bene quello che ho fatto, perché l'ho fatto e come l'ho fatto.

Nel film del 1994, Forrest Gump comincia raccontando la sua vita alla fermata dell'autobus.
Esatto. Seduto sulla panchina ricorda uno dopo l'altro gli episodi della sua incredibile storia personale: «Mamma diceva sempre che "la vita è come una scatola di cioccolatini, non sai mai quello che ti capita". Ecco, vale anche per me: facendo televisione mi è successo di tutto. Le sorprese non sono mai mancate. E io a ripensarci sento che sono stato un po' come lui».

Mario, a Forrest Gump viene diagnosticato «uno sviluppo cognitivo inferiore alla norma».
Sì, vabbè. Figurati se mi formalizzo: nello standard medio

ci rientro. Mi riconosco nella sua energia e nel modo in cui affronta la vita. Lui mi piace perché, nonostante tutto, riesce a vivere in maniera piena e soddisfacente e, addirittura, a influenzare alcune pagine di Storia. Io non ho fatto altrettanto, ma nelle vicende di Rai1 un'impronta l'ho lasciata, molto probabilmente senza avere – come lui – particolari capacità.

Urca. Che fai, parti con il profilo basso?
Fidati, è così. Alla mia età posso dirti che alcune cose eccezionali da me vissute, che ho determinato e gestito in prima persona, ho capito che lo erano soltanto in corsa, o addirittura dopo, e le ho affrontate come potevo. Però diciamo che se la semplicità, la passione e il cuore sono caratteristiche che mezzo mondo ha amato in Forrest, queste sono le stesse che mi hanno sempre sostenuto nel fare al meglio il mio mestiere. E soprattutto hanno fatto la differenza quando ho iniziato a muovere i primi passi nell'intrattenimento puro, cioè nel 1980.

Che intendi dire?
All'inizio, arrivando da dodici anni di programmi pomeridiani per ragazzi e trasmissioni scientifiche e culturali a carattere divulgativo, non fui accolto con riguardo.

Cioè? Spiegati meglio.
Lo faccio citando la prima edizione, quella del 1996, dell'*Enciclopedia della televisione* di Aldo Grasso. L'autorevole critico televisivo di me scrive: «Con il passaggio alla prima rete, MM nel 1980 è stato destinato al settore che gli avrebbe riservato le più grandi soddisfazioni, quello dello

spettacolo, trovandosi in breve, tra la generale perplessità, a capo della complessa macchina dei grandi programmi di varietà della Rai (...)». Insomma, Grasso dice chiaramente che all'epoca gli addetti ai lavori, quelli bravi e blasonati da me si aspettavano soltanto dei flop.

Troppo severo?
Sì, e anche un po' cinico, ma ci stava. Il ruolo in commedia di Grasso è quello, e io l'ho sempre accettato. E poi, obiettivamente, all'epoca non potevo vantare esperienze significative nel mondo dello spettacolo puro. Detto questo, come Forrest non mi sono mai tirato indietro. Non a caso nel 1987 fui nominato capostruttura di Rai1.

Allora iniziamo dal 1987 e da Fantastico 8 *di Adriano Celentano, uno degli show più innovativi di sempre. Di chi fu l'idea di scritturarlo?*
Mia. Però feci di tutto per farla passare come una scelta corale, visto che in quel momento doveva essere l'azienda a reagire agli assalti della concorrenza (lo stesso Grasso nella prima edizione della sua *Enciclopedia*, quella del 1996, scrive «è stata di Maffucci l'idea di affidarne un'edizione, rimasta memorabile, a Celentano», nda). Devo fare un passo indietro, comunque, per far capire quello che stava succedendo nel mondo della tv italiana in particolare e del Paese in generale. Berlusconi voleva spezzare il monopolio della Rai per conquistare il centro del sistema, Craxi e i socialisti lo sostenevano, la gente a casa aveva voglia di novità perché finalmente intravvedeva uno spiraglio per lasciarsi alle spalle la pesantezza degli anni Settanta e il loro carico di tensioni e sangue. Quindi per parlare di *Fanta-*

stico 8 bisogna per forza partire dal 6 gennaio 1987, ultima puntata di *Fantastico 7*, edizione straordinaria per gli ascolti, spesso sopra i 15 milioni di telespettatori, ma anche per tanti altri motivi.

Quella sera ci fu la risposta di Pippo Baudo all'allora presidente della Rai, il socialista Enrico Manca, che ricoprì quel ruolo dal 1986 al 1992.
Sì. E fu estremamente polemica. Da appassionato lettore di spy story e thriller so quanto è importante mettere in ordine la successione degli eventi, quindi proverò a raccontarteli come si deve.

Bene. Comincia.
Tre giorni prima, il 3 gennaio, in un'intervista al «Corriere della Sera» firmata da Antonio Padellaro, Manca aveva attaccato Pippo dicendogli che faceva soltanto programmi «nazionalpopolari», aggiungendo che non doveva sicuramente «prenderlo come un complimento». Stuzzicato su quella battuta da Gigi Vesigna, direttore del berlusconiano «Sorrisi e Canzoni Tv», Pippo in diretta replicò stizzito: «Il presidente Manca rilascia tante interviste, forse troppe. Vorrà dire che d'ora in poi mi sforzerò di fare solo programmi regionali e impopolari». Fu l'inizio di una frattura clamorosa.

Spontanea o architettata a tavolino?
Sono sicuro che, corteggiato da Berlusconi, Baudo stava mettendo insieme dei buoni argomenti per giustificare davanti al suo pubblico l'addio alla Rai. Comunque, dal giorno dopo, cominciarono a girare con insistenza voci di un suo passaggio a Canale5.

E in Rai che aria tirava?
Mi colpì molto l'immobilismo dell'azienda che, presa in contropiede, non fece niente perché pensava che Pippo non sarebbe mai andato a Canale5 da Berlusconi. Quando ormai tutti davano per certo il suo trasloco alla Fininvest, il 19 marzo 1987 il direttore di Rai1, Emmanuele Milano, mi chiamò all'improvviso: «Mario, devi immediatamente andare a Londra».

A fare cosa?
Una recita, ma questo lo capii subito dopo. Ufficialmente dovevo andare da Baudo. Che trovai al casinò dell'Hotel Mayfair. Aveva seguito la moglie, Katia Ricciarelli, la cui passione per il gioco d'azzardo era nota a tutti. Infatti al mio arrivo la vidi impegnatissima a un tavolo. Il mio obiettivo era soltanto uno: convincere Baudo a restare in Rai. In ogni modo, a ogni costo. Avevo carta bianca. Iniziammo a parlare, ma dopo pochi minuti realizzai che qualsiasi offerta o rilancio sarebbe stato inutile. Non c'era margine per recuperare. A un certo punto Pippo mi disse: «Sai, Berlusconi mi è venuto a prendere con l'aereo privato per discutere il contratto, quando in Rai mi hanno contestato anche le ricevute del taxi». Insomma, era finita. Non avevamo più niente da dirci.

Aveva già firmato per Canale5?
Non me lo disse, ma sono sicuro che lo avesse già fatto. Il Cavaliere, almeno in quella fase, pagava dieci volte più di noi. E adesso si stava giocando la partita della vita. Di sicuro non badava a spese. Io, rientrato a Roma, dopo aver riferito tutto al mio direttore Milano, capii che mi ave-

va mandato a fare uno show inutile, una messa in scena solo per poter dire al cda e al direttore generale, Biagio Agnes, che Rai1 aveva fatto di tutto per impedire l'abbandono del personaggio più importante della sua scuderia. E c'è anche un'altra cosa che da allora non riesco a togliermi dalla testa.

Ha a che fare con le parole del presidente Manca sui programmi nazionalpopolari di Baudo?
Sì. Non ho le prove. Però, come ti dicevo, mi sembrò tutto orchestrato alla perfezione per spingere Pippo ad andar via dalla Rai. Il fatto che in studio fosse stato proprio Gigi Vesigna di «Sorrisi e Canzoni Tv» – vendutissimo settimanale spesso utilizzato dal Cavaliere per fare operazioni politiche – a rilanciare le dichiarazioni del socialista Manca di pochi giorni prima, mi è sempre apparso troppo strano. E di sicuro uno come lui – diventato presidente della Rai nonostante il suo nome nel 1981 fosse nell'elenco dei politici iscritti alla Loggia P2 con il numero 0864, codice E.15.18, tessera 2148 – un favore a Silvio Berlusconi – anche lui nella lista – lo avrebbe fatto volentieri. (Manca smentì sempre la sua adesione e nel 1985 una sentenza firmata dal giudice Filippo Verde gli diede anche ragione quando intentò una causa civile contro Ernesto Galli della Loggia che sul settimanale «L'Europeo» lo aveva indicato come piduista. Il fatto che il suo nome fosse in quell'elenco non fu ritenuta una prova sufficiente. A difenderlo c'era l'avvocato Cesare Previti, successivamente senatore e ministro della Difesa di Forza Italia. A testimoniare a suo favore c'era Maurizio Costanzo.) Ma non è tutto.

Cos'altro c'è?
Il 5 gennaio, un giorno prima della lite, «Sorrisi» aveva convocato per un servizio fotografico, addirittura a Palazzo Chigi, il ciclista Moreno Argentin, la scienziata Rita Levi Montalcini, l'attore Carlo Delle Piane, il cantautore Claudio Baglioni e lo scrittore Cesare Marchi. Tutti loro, con Baudo e il presidente del Consiglio Bettino Craxi, il padrone di casa, erano stati proclamati i Magnifici Sette dell'anno. E tutti insieme posarono felici e contenti. Insomma, troppe coincidenze.

Quindi secondo te quel teatrino fu organizzato per spingere Baudo ad andar via dalla Rai?
Penso proprio di sì.

Quando venne formalizzato l'addio di Pippo?
Il 20 marzo 1987 Canale5 annunciò che Raffaella Carrà lasciava la Rai per trasferirsi da loro. A me lei disse: «Mario, Silvio mi corteggiava da tre anni... Come si fa a resistere a uno come lui che ti fa recapitare a casa per un mese, ogni giorno, duecento rose rosse?». Il 21 marzo toccò a Pippo Baudo, che rinunciava alla diretta della Rai ma diventava anche direttore artistico di tutti i programmi di spettacolo della Fininvest (solo nel 1996 le attività televisive del gruppo confluirono in una nuova società, Mediaset, nda). E due giorni dopo, il 23 marzo, la coppia Baudo-Carrà, assieme a Berlusconi, tenne a Roma una conferenza stampa di presentazione dell'intera manovra.

Com'è possibile che Baudo fu così incauto da pensare di poter assumere anche quel ruolo senza scatenare le reazioni negative di tutte le altre star della scuderia di Berlusconi?

Non ne ho idea. In seguito, Pippo mi disse di essere sempre stato contrario a ricoprire quell'incarico, e di avere anche avvisato Berlusconi: «Succederà un casino, gli altri si incazzeranno tantissimo». Non gli credo, lo dico serenamente, perché la sua natura è semplice e chiara: avere sempre più degli altri. Berlusconi, però, lo rassicurò. Sbagliando, o mentendo. «Trovai un clima sconvolgente» raccontò poi Baudo. «Tranne Mike Bongiorno, da Corrado ad Antonio Ricci erano tutti contro di me.» Comunque, tempo un mese e arrivò il turno di Enrica Bonaccorti. La Rai in poche settimane perse i suoi tre volti più amati e di successo.

E l'azienda?
Tramortita. Berlusconi sembrava pronto alla spallata finale per prendersi tutto. Le indicazioni che arrivarono dal direttore generale Biagio Agnes, manager formidabile anche e soprattutto nei momenti di crisi, che conosceva la Rai alla perfezione, e soprattutto aveva chiaro il senso profondo del servizio pubblico, furono chiare e semplici: resistere e rilanciare. L'azienda, con le pressioni sempre più forti dei socialisti pronti a tutto pur di sanare dal punto di vista legislativo l'anomalia Fininvest, non poteva affrontare le nuove sfide in condizioni d'inferiorità e rischiare così di cedere tutto. Una nuova legge che riorganizzasse la materia, quella che il 6 agosto 1990 sarebbe diventata la famigerata Legge Mammì, era nell'aria. Bisognava trovare una soluzione allo squilibrio creato dalla spregiudicatezza di Berlusconi.

Quando, in che modo e in che contesto, venne fatto per la prima volta il nome di Adriano Celentano?
Nell'ufficio di Emmanuele Milano, il direttore di rete, i

primi giorni di aprile. Mi convocò, mi fece sedere davanti a lui, e a bruciapelo mi chiese: «E adesso che facciamo?». Senza parlare pensai subito a Adriano, ma quasi come se fosse una battuta da dire a una cena a casa di amici, la risposta a un quiz. Non dissi una parola. Passò qualche secondo, poi qualche altro ancora, e Milano mi rifece la stessa domanda: «Mario, e adesso che facciamo?». «Ingaggiamo Celentano», gli dissi senza esitare. «È l'unico che possiamo contrapporre alla popolarità e alla bravura di Pippo. Lui è l'uomo che fa per noi. Solo lui. Adriano è un fenomeno e tutto quello che fa, funziona.» Avevo pensato a lui soprattutto perché il vuoto lasciato da uno come Baudo, capace di fare l'ideatore e il realizzatore di un programma, poteva essere colmato solo da uno completamente diverso da lui, ma con lo stesso ego e la stessa vocazione e determinazione a fare tutto.

La reazione di Milano?
Non rispose. Mi guardò negli occhi per un po', passandosi le mani in testa, sulla bocca, sugli occhi, per poi dirmi: «È vero. Hai ragione. È una buona idea». Probabilmente ci aveva pensato anche lui, non lo so. Di sicuro disse subito di essere d'accordo con me: «Celentano è la soluzione giusta». In quel periodo, tra l'altro, oltre a essere un numero uno come cantante, Adriano era campione d'incassi al cinema (dal 1980 al 1985 aveva girato film di grande successo come *Il bisbetico domato*, *Asso*, *Innamorato pazzo*, *Grand Hotel Excelsior*, *Lui è peggio di me* etc).

Però non aveva alcuna esperienza di tv del sabato sera.
È vero. Ma l'avremmo aiutato noi, anche se al momento

non pensai alla delicatezza e alla complessità della nostra arma in più, quella a cui aveva rinunciato Baudo: la diretta. E soprattutto alla forza psicologica che bisogna avere per sostenerla. Quando si accende la luce rossa della telecamera, o sai stare al gioco o lo stress ti fotte. Nessuno ti può salvare.

Quindi, che cosa accadde?
Milano andò da Agnes e gli disse che solo Celentano poteva garantirci una risposta adeguata per fronteggiare Baudo, e quindi Berlusconi. Agnes approvò la scelta perché la ritenne sufficientemente dura e in linea con la sua politica di contrastare con ogni mezzo gli assalti della concorrenza. Che noi dovevamo battere a tutti i costi. Infatti quello che bisogna mettere a fuoco per capire meglio questo passaggio è che la partita ormai era diventata anche politica, non soltanto televisiva. Da una parte il Partito Socialista, dall'altra la Democrazia Cristiana. E come tale si giocava con altre regole e altri mezzi.

Quali?
Quelli eccezionali di una situazione non dico di guerra, perché mi sembrerebbe eccessivo e fuori luogo, ma di autentica emergenza. Mi venne così data piena fiducia, con l'avvertenza che «qualche cazzata sarebbe stata tollerata, le supercazzate no».

Che significa? Che vuoi dire?
Senza Baudo bisognava adottare un altro linguaggio e affidarsi a un protagonista completamente diverso da lui. Adriano era l'uomo giusto, lui però la tv istituzionale del

sabato sera non la sapeva fare. Come sospettava Ciriaco De Mita, l'allora potentissimo segretario della Democrazia Cristiana che nell'aprile del 1988 sarebbe diventato anche presidente del Consiglio. Agnes lo rassicurò subito dicendo che gli avremmo insegnato tutto noi e così sulle mie spalle finì anche quel carico. «Mario,» mi disse Agnes «mi raccomando: elasticità e massima attenzione all'obiettivo». Poi per non lasciare spazio a equivoci mi fece quella battuta su «cazzate e supercazzate». C'era margine per qualche errore, niente di più. La partita bisognava vincerla e basta. Capito?

Chi fece il primo passo con Celentano?
La prima proposta a Claudia Mori, moglie di Adriano, la fece direttamente Emmanuele Milano. Ci fu un naturale e immediato interesse, ma Celentano pretese subito il totale controllo artistico del programma e anche i diritti sull'eventuale futuro sfruttamento. Non a caso ancora oggi tutte le puntate di *Fantastico 8* non sono nella disponibilità della Rai. Cercale ovunque, non le troverai. Quello che si vede online sono solo immagini registrate amatorialmente. Non era mai successo prima e che io sappia non si è mai più ripetuto.

La Rai accettò subito?
Certo. Pur di salvare la situazione fu concesso a Celentano quello che nessuno aveva mai ottenuto: libertà assoluta e proprietà del prodotto, anche se nessuno ne parlò mai apertamente. Almeno fin quando fu possibile. Si fece carico della pratica contrattuale l'avvocato Nicola Bonura, uomo di fiducia di Agnes: Adriano ottenne tutto quel-

lo che aveva chiesto, i soldi non erano un problema, questo era chiaro a tutti.

Quanti soldi?
Si trattò di un ingaggio miliardario. La Rai conservava il controllo assoluto della comunicazione editoriale, oltre ad avere il fardello più ovvio e pesante: la responsabilità legale di ciò che veniva messo in onda.

Lui faceva quello che voleva e la Rai ne rispondeva?
Esatto. Sempre e comunque. Cosa che in seguito creò seri problemi un po' a tutti, anche a me. Comunque, tempo due settimane, e i primi di maggio io ed Emmanuele Milano andammo a casa di Adriano a Galbiate, in provincia di Lecco. Fu una specie di missione diplomatica di alto livello, o un mezzo pellegrinaggio, decidi tu. Lo spirito era quello. Prendemmo un aereo da Roma a Milano e poi un'auto che da Linate, dopo quasi due ore, ci portò in Brianza dal nostro eroe.

Emozionato?
Sì. Io non avevo mai incontrato Celentano. In viaggio mi sentivo conquistato dalla curiosità, dal senso d'avventura e dall'entusiasmo di chi in qualche modo sa di far parte di un'impresa unica e difficile, ma importantissima, dall'esito per niente scontato. E che lo fosse era chiarissimo a tutti quei pochi che al momento ne erano a conoscenza.

E Milano?
Lui faceva un po' quello british: tranquillo, distaccato e pensieroso. Il giorno prima della nostra partenza aveva

rassicurato ancora una volta Agnes sulla scelta fatta per il sabato sera, e poco dopo aveva telefonato a Celentano confermandogli che il progetto si poteva realizzare alle sue condizioni: *Fantastico 8*, edizione 1987-88, sarebbe stato suo. Adesso bisognava fare un passo avanti: cosa voleva fare Adriano? Per questo eravamo lì, a casa sua.

Cosa vi disse? Come andò?
In tarda mattinata arrivammo a Galbiate e subito in paese, al bar, senza neanche che lo chiedessimo, ci indicarono dove andare. Una volta a destinazione, rimasi colpito dal fatto che l'intera residenza fosse completamente circondata da un muro molto alto. Era una specie di fortezza. Dentro ricordo un grande parco ben curato e la sensazione di trovarmi in un ambiente da favola. Il profilo architettonico della villa sembrava ricordare la casa di Biancaneve.

Va bene, ma Celentano?
Adriano ci venne incontro assieme alla moglie, Claudia Mori, che da allora avrei visto sempre al suo fianco, in ogni momento. Niente si sarebbe mai fatto senza di lei. Era ormai l'ora di pranzo, la grande tavola in cucina era già stata apparecchiata. Di fronte a noi un'ampia vetrata consentiva di godersi un bel panorama sulla valle, l'unico punto di contatto visivo con l'esterno. Tutto il resto era escluso, come in una bolla. Milano mi presentò come il dirigente di riferimento, quello che avrebbe seguito lui e tutta la produzione di *Fantastico 8*: «Mario per te è e sarà la Rai». A tavola la conversazione fu divertente: la guerra è guerra e si sparlò subito di Baudo, il nostro competitor nu-

mero uno che aveva appena annunciato il suo *Festival* su Canale5. E subito Adriano ebbe il primo guizzo.

Quale?
Mi guardò negli occhi e disse a bassa voce: «Non ha la diretta, dove può andare?». Già, la diretta. Noi ce l'avevamo e Canale5 no. Agnes e tutti noi sapevamo bene che la partita del sabato sera si giocava anche su quel versante, soprattutto su quello, ma sentirlo dire da Celentano mi sorprese perché non pensavo che potesse già averne consapevolezza. D'istinto associai le sue parole al fatto che Pippo, senza la tensione della diretta, sarebbe stato completamente diverso dal solito. Un altro showman. Nel pensarci, comunque, persi il filo per qualche secondo, Milano se ne accorse subito e cercò di riempire il vuoto con una battuta servita canticchiando: «E Pippo, Pippo non lo sa...».

E Celentano?
Fece una smorfia divertita. Trasmetteva sicurezza, Adriano. Era sereno e sorridente. Ogni tanto appariva pensieroso, sembrava assentarsi per poi tornare subito dopo fra noi. Comunque sapeva cosa voleva e cosa fare per ottenerlo. Milano andò avanti raccontando con chiarezza cosa la Rai si aspettava da lui e dal suo show.

Cosa esattamente?
Non dovevamo cedere un passo. L'obiettivo minimo era mantenere il primato sugli ascolti del sabato sera. Pippo e Canale5 non dovevano raggiungerci. Adriano annuì, non perse tempo, e passò subito a parlare della libertà che voleva nell'ideazione dello spettacolo. Non voleva lacci né

ostacoli o filtri. Milano lo rassicurò, senza sapere al momento – lui né tantomeno io – che nel contratto la Rai gli avrebbe addirittura concesso la proprietà dei diritti della trasmissione. Detto questo, Adriano fece i nomi dei personaggi da ingaggiare nel cast: Marisa Laurito, reduce dal successo su Rai1 di *Marisa la nuit,* programma che curai io stesso, tant'è vero che ricordo bene l'importanza autorale di Renzo Arbore che l'aiutò con alcuni contributi video. Massimo Boldi, con il quale Adriano aveva girato più di un film. Il comico Maurizio Micheli – che si rivelò deludente e non all'altezza dell'impresa – e ovviamente Heather Parisi, figura di continuità con le edizioni di *Fantastico 1*, *2*, *3*, *4* e *5*, perché protagonista assoluta dei balletti, allora molto di tendenza, curati da Franco Miseria. Va detto che lui in realtà utilizzò il cast anche per nascondere quello che avrebbe fatto. In scaletta metteva intervento di XY e in realtà c'era lui con uno dei suoi monologhi.

Come autori fece richieste particolari?
Certo. Chiese di ingaggiare Castellano e Pipolo, due vecchie volpi del cinema e della tv che avevano firmato quasi tutti i suoi successi cinematografici. E poi aggiunse: «Dalla Rai mi aspetto anche due autori giovani. Bravi, freschi e affamati».

E tu?
«Nessun problema» gli dissi. Li avrebbe avuti. Dopo qualche giorno, infatti, feci firmare i contratti a Roberto Ferrante e Umberto Contarello, all'epoca sconosciuto e oggi sceneggiatore di riferimento di Paolo Sorrentino. A loro due aggiunsi Giorgio Calabrese, autore di bellissime can-

zoni, e una figura aziendale che fin dalla prima puntata si rivelò fondamentale: Bruno Gambarotta, un dipendente della Rai di Torino ingaggiato con il ruolo di «semplificatore» e supporto al conduttore.

Che vuol dire?
Quanto quella mia intuizione fu azzeccata lo capii in corsa. Ma ti racconterò meglio dopo.

Alla fine, in concreto, Celentano durante quell'incontro cosa vi raccontò del suo Fantastico?
Niente. A parte qualche follia con il botto.

Tipo?
Disse che gli sarebbe piaciuto anche fare il moderatore di dibattiti fra politici. Al termine i due esponenti avrebbero avuto tre minuti di tempo a disposizione per recitare una poesia dedicata al programma del proprio partito... Per il resto, rientrando a Milano per prendere l'aereo per Roma, a Emmanuele dissi: «Direttore, non sappiamo cosa farà e come lo farà. Non ci ha detto niente. Zero. Che cosa riferiremo?». Milano, tranquillo, guardando fuori dal finestrino, a bassa voce mi rispose: «Mario, ormai è fatta: ci vuole pazienza. Lo scopriremo lavorandoci insieme». Rientrammo con l'illusione che, pur viaggiando al buio, *Fantastico 8* sarebbe stato uno show con un personaggio nuovo, non facilissimo da gestire, ma più o meno in linea con tutto quello che avevamo fatto fin lì. Insomma, un normale, anche se originalissimo, sabato sera. Ovviamente ci sbagliavamo.

Come andaste avanti?
Da quel momento io e Adriano, io e sua moglie Claudia, ci sentimmo praticamente tutti i giorni. Il lavoro preliminare fu lungo ed estenuante e durò da aprile a ottobre. Senza soste. Notte e giorno.

Alla vigilia della prima puntata eri a conoscenza di tutto quello che sarebbe andato in onda?
Il 3 ottobre 1987, il sabato del debutto di *Fantastico 8* in diretta su Rai1, quello praticamente decisivo per le sorti dell'azienda, io sapevo quello che Adriano Celentano avrebbe fatto. Avevo 48 anni, ero in Rai dal 1968, ero il capostruttura responsabile del programma, e pensavo di essere più o meno pronto a tutto, anche se il quartetto Boldi, Laurito, Micheli, Parisi non aveva praticamente provato. Dopo il caso Vasco Rossi...

Che c'entrava Vasco?
Doveva essere l'ospite musicale di punta, ma sarebbe dovuto entrare in studio con uno schiocco delle dita di Adriano e Boldi a un certo punto avrebbe dovuto prenderlo in giro giocando con i suoi problemi con le droghe. Vasco ci mandò a quel paese. Non sarebbe venuto. Noi solo un giorno prima riuscimmo ad avere al suo posto l'americano Terence Trent D'Arby (oggi si è convertito all'induismo, si fa chiamare Sananda Maitreya e vive a Milano, nda) che all'epoca andava fortissimo anche in Italia. Comunque sia, fu stravolta ogni cosa.

Sapevi delle sue sorprese?
I suoi «colpi di teatro» non li aveva confidati a nessuno,

neanche a me e ai suoi stessi autori. Alle 20.24 al Teatro Delle Vittorie di Roma si accese la luce rossa delle telecamere. Partì la prima puntata di uno show guidato da un navigato fuoriclasse dello spettacolo al suo debutto nei panni di direttore artistico, conduttore, cantante e intervistatore. E monologhista.

Tutto lui?
Tutto. Adriano aveva pieni poteri. Poteva fare quello che voleva. E in studio ero io l'unico dirigente presente. Nel frattempo era cambiato anche il mio direttore di rete: al posto di Milano, che andò a dirigere Telemontecarlo, fu nominato Giuseppe Rossini, democristiano, che arrivò a Rai1 da Rai3, la rete proprio in quei giorni assegnata ai comunisti dopo la spartizione fra i partiti (Rai2 ai socialisti, Rai1 come sempre ai democristiani, nda), che da allora fino al 1994 fu diretta da Angelo Guglielmi. Di Rossini dico solo che insegnava Storia risorgimentale all'università e non sapeva niente di spettacolo. Durante tutta l'edizione di *Fantastico 8*, se sui giornali c'era scritto che facevamo pena, lui era d'accordo con loro. Se qualcuno invece diceva che eravamo dei geni, cambiava idea e si allineava. Praticamente inutile.

Come andò?
Adriano era tranquillo, o almeno così sembrava. Io per niente, e mi sforzavo moltissimo per non farlo vedere. Per me era la prima grande prova da dirigente. C'era una pressione enorme: stampa e pubblico aspettavano con una certa morbosità di sapere se il sistema Rai avrebbe retto ai cambiamenti e quindi all'assalto della concorrenza. Come

ospite in scaletta c'era Nikita Michalkov, il regista russo di *Oci Ciornie*, il film che pochi mesi prima – a maggio – permise al protagonista, Marcello Mastroianni, di vincere a Cannes il premio per la migliore interpretazione maschile (il grande attore italiano ebbe anche una candidatura ai Premi Oscar 1988 come miglior attore, nda). Celentano partì alla grande cantando a modo suo – un po' macho arrogante, un po' cucciolone tenero – un classico del suo repertorio come *Una carezza in un pugno*. Una performance che scatenò subito l'entusiasmo del pubblico in sala, in qualche modo consapevole dell'eccezionalità del momento. Dopo aver sbrigato le prime incombenze di scaletta e aver presentato il cast, stavamo per entrare nel vivo dello show quando all'improvviso un fan particolarmente esuberante urlò: «Adrianooo, sei forteee!». Eravamo in onda da venti minuti, non di più. E lui si bloccò completamente. Fu l'inizio della fine.

Per così poco?
Sì. La diretta tv, anche se ti chiami Adriano Celentano e sei un cantante famoso da decenni, e nel frattempo sei anche diventato un attore protagonista di film campioni d'incassi, se non la sai sostenere, è così: non perdona. E ti stende. Con quell'urlo si era rotta la campana di vetro che proteggeva la sua idea di show e si era spezzato il filo che univa tutti gli elementi e lo faceva stare in piedi. Deconcentrato, svuotato e spento, Adriano non aveva più il controllo di una scaletta che conosceva a memoria perché l'aveva scritta e riscritta lui stesso. Iniziò il silenzio. Tombale. Spaventoso. Interminabile. Non parlava più, Adriano. Non sapeva cosa fare.

E tu?
Se non la vivi in prima persona è impossibile riuscire a rendere l'idea di cosa voglia dire avere, in diretta, nello show del sabato sera della rete più importante della Rai – quello abbinato alla ricchissima Lotteria Italia – un conduttore paralizzato come se fosse imprigionato dentro un enorme blocco di ghiaccio. E con lui avere in studio più di trenta tecnici che aspettano, seguendo tutti la stessa scaletta, che il presentatore stesso passi dalla posizione «A» a quella «B», alla «C» e via dicendo per poi monitorare le luci memorizzate al computer durante le prove, cambiare la scenografia, far entrare gli addetti a sistemare i cambiamenti di scena, posizionare i nuovi microfoni per lo sketch successivo, ritoccare in corsa un'immagine. Tutti bloccati. Nessuno sapeva più cosa fare. Aspettando che Adriano «tornasse».

Un incubo.
Peggio, l'inferno. Passai dalla preoccupazione alla paura. Poi all'improvviso si scatenò l'adrenalina, ricordo che in maniera ossessiva fissai nella mia mente l'obiettivo di recuperare in qualche modo Adriano e ricaricarlo come se fosse un pupazzo a molla.

Dov'eri esattamente?
In studio, ovviamente, dietro la telecamera numero 3 che inquadrava Adriano frontalmente con un piano americano (quello che nei western va dalla punta del cappello alla fodera della pistola allacciata sulla coscia, nda). Mi muovevo nello studio come una specie di automa comunicando però a tutti che ero lucido e in vita: in fondo ero abituato agli interventi precisi e accattivanti di Baudo. Nell'interfo-

no che collegava gli operatori di ripresa con la regia audio e quella video del regista, sentivo il respiro preoccupato di tutti, l'ansia – che in breve sarebbe diventata panico – crescere sempre di più. Trenta, trentuno, trentadue secondi... Cominciai ad agitarmi, attraverso il cartellone del «gobbo» dissi a Adriano quello che avrebbe dovuto fare, usai anche il labiale: zero risultati. Anche perché lui non ci vede da lontano e in scena non usa mai gli occhiali. Lentamente, dopo più di un minuto, riprese il controllo della situazione e in qualche modo arrivò all'interruzione pubblicitaria, che feci anticipare di un minuto. Andai di corsa da lui.

E come stava?
Altrove con la testa, ma tranquillo. Ci guardammo negli occhi, senza dire una parola su quanto era successo. Con una diretta da portare a termine non potevo prenderlo di petto né scuoterlo. Gli dissi: «Adriano, che succede? Che facciamo? Abbiamo appena iniziato, dobbiamo arrivare alla fine della scaletta». Poi lo incoraggiai, cercai di caricarlo: «Sei grande, andrà tutto bene».

Cosa ti rispose?
Mi fissò impassibile. «Andiamo avanti.»

E la moglie Claudia Mori?
Immobile. Gelida. Muta. La puntata ripartì. Andammo avanti perdendo ritmo e tensione, Adriano ormai era sottotono, scarico, e ogni passaggio dello spettacolo sembrava diventare sempre più lento. Poi verso le 23.40 iniziò quella che definire catastrofe è poco.

Cosa accadde?
La scaletta di ogni puntata prevedeva due spazi pubblicitari, il primo per un detersivo, il secondo per un caffè. Il cosiddetto «main sponsor», quello che si rivelò decisivo per concludere la trattativa economica con Adriano, era la ricchissima Procter & Gamble.

Si disse all'epoca che per aggirare il tetto ai compensi dei conduttori televisivi una quota sostanziosa del suo investimento nel programma fu versata dallo sponsor non alla Rai ma direttamente ad Adriano: quindi lo confermi?
Si disse di tutto, anche questo. Ed è probabile che sia andata così, ma non posso confermarlo perché il contratto di Adriano lo videro in tre persone: chi lo scrisse e i due che lo firmarono. E io non ero fra quelli.

Tre miliardi dalla Rai, più 14 milioni di lire di rimborso spese a puntata, e tre miliardi direttamente dallo sponsor, sono queste le cifre che circolarono in quei giorni.
Sì, lo so. Di sicuro lo sponsor sul progetto *Fantastico 8* ci mise tanti soldi e pretese che lui fosse il testimonial di un concorso a premi lanciato da una sua canzone, *Dolce rompi*, quella che fa «Cosa c'è di meglio di un caffè anche se lo zucchero non c'è» (Mario canticchia, nda).

Canti bene…
Benissimo (scoppia a ridere, nda). Insomma, Celentano avrebbe dovuto spiegare che bisognava prendere tre tipi diversi di caffè Splendid, questo era il marchio da promuovere, ritagliare le prove d'acquisto e poi spedirle con una cartolina postale – con i propri dati – all'indirizzo indica-

to. Ogni settimana ci sarebbe stata un'estrazione di ricchi premi. Semplice e chiaro, no?

Chiarissimo. E lui che fece?
Una follia. Che in qualche modo avevo anche previsto perché quella spiegazione al pubblico, più volte provata, non rientrava proprio nei meccanismi mentali di Adriano. Insomma, non ce la poteva fare. Non era roba per lui. Iniziò dicendo che «i caffè sono di tre tipi diversi (pausa)... Uno, sono sicuro, è lo Splendid (pausa)... Gli altri quelli che volete voi (pausa)... Non so, per esempio (pausa)... Lavazza...». Ti rendi conto? Nello spazio pubblicitario pagato da Splendid, Adriano aveva invitato a comprare il caffè di uno dei suoi concorrenti più forti e temuti, Lavazza. La manager di Procter & Gamble che seguiva la promozione ebbe una crisi isterica.

E tu?
Feci intervenire in diretta Bruno Gambarotta, che avevo nominato assistente tuttofare di Adriano, il quale – con fare sornione e rassicurante – si impose con naturalezza come suo pazientissimo partner e ci mise una pezza, ma più di tanto non si riuscì a salvare. La dirigente della P&G, incazzatissima, voleva stracciare il contratto. E ovviamente minacciò il ricorso agli avvocati.

Cosa le rispondesti?
Incassai i colpi e le diedi ragione su tutta la linea. Provai a dirle che avremmo recuperato ogni cosa, seguito a ruota dagli altri uomini della pubblicità Rai presenti in studio. Cos'altro potevo fare? La situazione era oggettivamente

indifendibile, non solo per i criteri con i quali gli specialisti dell'epoca comunicavano commercialmente i loro prodotti, ma in assoluto. Peggio di così non si poteva fare. Grazie a Dio arrivammo alla fine della puntata. Ero stremato, certo del flop, e con il morale sotto terra: in tutti i mesi che avevano preceduto questo debutto avevo immaginato un esito completamente diverso. Non drammatizzai ulteriormente, feci l'uomo-azienda che teneva botta, ma alla fine della diretta, in camerino, glielo dissi senza girarci intorno: «È andata male, Adriano. Malissimo».

E lui? Come la prese?
Non replicò. Imperturbabile, mi chiese solo una copia della registrazione della puntata. E poi aggiunse: «Non lo so, Mario. Rivedo tutto e ne parliamo meglio lunedì mattina, va bene?». Ci salutammo davanti all'ingresso degli artisti del Delle Vittorie abbracciandoci senza allegria. Purtroppo per me la giornata non era ancora finita.

Cos'altro c'era?
Una festa in quello che all'epoca era uno dei salotti più in voga di Roma, molto frequentato anche da Bettino Craxi: la splendida casa di Paola Cecchini e Luigi Sturchio, un architetto napoletano re della progettazione di superyacht di lusso. Uno che in quegli anni fra i suoi clienti aveva anche il super miliardario Adnan Khashoggi. Nella loro villa dalle parti di via Cortina d'Ampezzo, vicino alla casa di Renzo Arbore, quella sera c'era mezza Roma: gente della tv, del cinema, della discografia... Io non sono mai stato un fan della mondanità e di queste occasioni in genere, me ne sarei andato volentieri a letto, ma non potevo assolutamen-

te tirarmi indietro. Paola è la cugina di mia moglie Emanuela. E io ero l'invitato numero uno. Tutti avevano visto *Fantastico* e tutti mi aspettavano per commentarlo. Conosci il mondo dello spettacolo, puoi immaginare il resto.

Raccontalo, Mario.
Tutti quelli che in un modo o nell'altro fanno parte di questo universo così magico e bello, ma anche umanamente complesso, vogliono sempre far credere che ci sia grande amicizia e solidarietà fra coloro che ne fanno parte. Non è vero, o meglio, è così fino a quando a cadere è una superstar, un vero numero uno che da anni miete successi straordinari, e in quel caso il gioco al massacro diventa un piacere irrinunciabile. Si stappa lo champagne, si festeggia, si sghignazza: la miseria umana si svela in tutta la sua implacabile crudezza. Non hai idea delle cattiverie che ho sentito.

Tipo?
Battutacce velenose, risatine, sberleffi di ogni tipo: «Celentano è un idiota. Un cialtrone. Un ignorante presuntuoso. La Rai deve vergognarsi. Come avete potuto fare una cosa del genere? I soldi con cui lo pagate sono anche nostri». Vado avanti?

E tu?
Bluffando, dicevo: «Vi sbagliate. Vedrete che *Fantastico* andrà bene. E anche Adriano andrà meglio. Per lui è tutto nuovo, dovete dargli tempo». Cos'altro potevo aggiungere? Sembrava caduto un Dio. E molti pensavano, e speravano, che stesse per venire giù anche la Rai, azienda che alla fine degli anni Ottanta nel sistema Italia era molto più forte e

importante di quella di oggi. Erano tutti eccitati e contenti, esaltati dalle macerie fumanti che stavano immaginando.

Chi c'era?
Ti giro il numero di Paola Cecchini, te lo racconta lei, era casa sua. Io ricordo gli unici che fecero commenti positivi perché in qualche modo avevano intravisto un bagliore: Giuliano Ferrara, Lino Jannuzzi (nel 1968 eletto senatore del Partito Socialista e nel 2001 di Forza Italia, nda) e lo stesso Sturchio. «Stasera è successo qualcosa» mi dissero. «Una cosa del genere non si è mai vista in tv. Deve solo fare un po' di rodaggio. Funzionerà, vedrai.» Per mia fortuna, avevano ragione. Dopo quel piccolo grande incoraggiamento, e gli attacchi a testa bassa, salutai tutti e me ne andai finalmente a casa con mia moglie. Ero stanchissimo. E preoccupato, molto preoccupato.

¶

Paola Cecchini: «"Buuu". Fischi. Parolacce. La sera del debutto del *Fantastico 8* di Celentano, a casa mia c'era agitazione. La gente sembrava impazzita. Quel 3 ottobre 1987 avevo invitato come sempre un bel gruppo di amici, e qualche amico degli amici, per cenare insieme e guardare il debutto del nuovo spettacolo del sabato sera di Rai1. C'era grande attesa, un misto di curiosità, scetticismo e voglia di vedere cosa si erano inventati in Rai con un cavallo pazzo come Adriano. Dopo che Pippo Baudo era andato via, e con Silvio Berlusconi che sembrava prontissimo a smantellare la Rai e prendersi il mondo della tv, nessuno voleva perdersi il giorno della riscossa. O della resa. L'atmosfera era frizzantina, direi».

Nel suo ristorante dalle parti di piazza Cavour, a Roma (va talmente bene che non ha bisogno di pubblicità, quindi si può citare, è *La Barchetta*, nda), Paola Cecchini ha ricreato la stessa atmosfera di quando il suo salotto, negli anni Ottanta, era fra i più frequentati e ambiti della città. C'è legno ovunque, luci calde, ampie vetrate. Bionda, maglioncino chiaro, un filo di perle al collo, ha 84 anni e ne dimostra venti di meno. Seduta a un tavolo rotondo, con la gente intorno che comincia a riempire il locale per la cena, si passa una mano sulla fronte, chiude per un attimo gli occhi, e scoppia a ridere.

P.C.: «Quando Celentano cominciò con i suoi silenzi, è come se fosse saltato un tappo, c'era chi tirava le noccioline al televisore. Chi ululava. E chi rideva da farsela sotto. "Questo è pazzo... È un cretino, ma che fa? Sta zitto? Come si permette? Non sa fare un cazzo e lo pagano pure! Che schifo..." In pochi minuti dall'adorazione, più o meno sincera, si passò al linciaggio. E andò avanti così per tutto il tempo. Poi arrivò Mario. Quando sentirono il citofono alcuni scalmanati – saranno stati una decina – urlando e ridendo gli andarono incontro. Non riusciva a entrare in villa, Mario. "Non ti vergogni?" gli dissero. "Che roba avete messo in onda? E voi sareste dei professionisti? La Rai deve sprofondare." Sembrava la scena di un film. Mario impassibile difendeva Celentano e l'azienda: "È una scommessa che andrà bene. Ci vuole tempo". Una volta dentro, finalmente riuscì a mangiare un boccone e a bere un bicchiere di vino. C'era chi gli chiedeva con insistenza: "Ma quanto l'avete pagato uno così? Che significa mettersi a fare scena muta in tv? Ma chi si crede di essere?". Chi c'era quella sera? Io ricordo Diego Abatantuono, Enrico Montesano, Christian De Sica, Renato Squillante, Bruno e Nora Corbucci, che era veramente scatenata tant'è vero che Mario con lei discusse in maniera molto rumorosa… E anche Stefano Bonaga, Giuliano Ferrara, Lino Jannuzzi… Poi qualcun altro di sicuro che non ricordo. Che serata… Che risate».

¶

Mario, dalla Rai si era fatto vivo qualcuno?
Nessuno. Silenzio assoluto.

Notte in bianco?
Certo. Il giorno dopo mi aspettavo la mazzata degli ascolti. E soprattutto l'inevitabile telefonata del direttore generale, Biagio Agnes. Che arrivò alle 10. Calcola che tutti, osservatori importanti e giornali nazionali, da Maurizio Costanzo al «Corriere della Sera», si erano già schierati contro di noi: *Fantastico 8* è una schifezza. Un flop. A salvarlo solo i comunisti del «Manifesto», felici della distruzione di una formula classica come *Fantastico*, e i ciellini del settimanale «Il Sabato», entusiasti del cattolicesimo tradizionalista, apocalittico e sfacciato di Adriano. Due giorni dopo, nella trasmissione *Diritto di cronaca* di Guglielmo Zuc-

coni, su Canale5, Giorgio Bocca fu lapidario: «Celentano è un cretino, però di talento...».

Quindi?
Tirando su la cornetta – all'epoca non c'erano i telefonini – ero pronto al peggio. «Buongiorno Mario, ho parlato con Ciriaco...» Mi si gelò il sangue.

E tu?
Muto. Immobile. Fece una pausa di due-tre secondi.

E poi, come andò avanti?
«Mi ha detto che *Fantastico* gli sembra interessante. La formula proposta da Celentano gli va bene. È nuova. Il fatto che Celentano voglia comunicare la sua visione del mondo non gli dispiace. E apprezza il fatto che non è ossessionato, come lo era Baudo, dal fatto di piacere sempre e comunque al pubblico. I suoi silenzi saranno interpretati come la critica radicale di un uomo di spettacolo all'eccessivo consumismo della tv. Dice che devi soltanto mettere più a fuoco lo schema e imporre un ritmo più serrato, ma per il resto non ci sono problemi. Lavora tanto sulla comunicazione, questo te lo dico io.»

E gli ascolti?
Non ne parlammo, ma furono travolgenti: in media ci avevano seguito 11 milioni di telespettatori con un picco di 13 milioni 223 mila. Insomma, era andata benissimo. Quella telefonata mi liberò dall'angoscia del fallimento e mi diede una carica pazzesca. Agnes sosteneva il progetto, il suo protagonista e me. Attaccando la cornetta capii anche che

la copertura a tutta l'operazione arrivava da De Mita in persona. I contenuti di quella chiacchierata fra i due, amici da una vita, non potevano essere stati improvvisati quella domenica mattina, erano la logica conseguenza dell'impegno che Agnes si era preso con De Mita, e che quest'ultimo aveva condiviso e sostenuto. Immaginare il segretario della Dc discutere della scommessa Celentano con Agnes, con il suo incredibile eloquio da intellettuale della Magna Grecia – definizione dell'avvocato Agnelli – mi mise di buon umore. E nel raccontarlo come faccio a non sembrare un dinosauro se sottolineo la straordinaria caratura di certi uomini politici di una volta, che sapevano sempre sorprendere pensando in grande, e in maniera complessa, facendo servizio pubblico? Sto facendo il trombone?

Non mi sembra. Continua.
Vabbè, comunque dopo quella telefonata il caffè preso con mia moglie Emanuela mi sembrò buonissimo. Ancora me lo ricordo.

E il giorno dopo? La prima riunione con Celentano dopo il debutto come andò?
Un altro show. Lunedì Adriano si presentò spensierato, sorridente e deciso. Anche in questo caso va sottolineata una cosa bizzarra: era la prima volta che ne facevamo una a Roma, nella sede della redazione in via Col di Lana, di fronte al Delle Vittorie, dove poi saremmo rimasti tutto il tempo. Da animale territoriale qual è, da aprile fino al debutto aveva sempre fissato riunioni nella sua villa di Galbiate o nel grande appartamento di proprietà che aveva in un lussuoso hotel-residence di Bordighera, in provincia

di Imperia, vicino a Sanremo, dove poi dormivamo tutti. Celentano aveva carta bianca...

E tu come facevi?
Ogni settimana partivo da Roma con una macchina della Rai, guidata da un autista molto simpatico e di mondo, Belloni. Un uomo, una certezza: non sgarrava mai un indirizzo o un orario. Una risorsa preziosa.

Va bene. Durante la riunione Celentano che cosa disse?
Aveva visto la puntata, gli ascolti lo avevano gasato, la sua idea di spettacolo stava prendendo forma. «Io sto molto bene, e voi? Sono contento così e non mi fermerò. Arrivederci a sabato.» Capii subito che le pause sarebbero diventate un elemento fortemente caratterizzante di *Fantastico 8*. Insieme alle sorprese, per lui una vera ossessione. Certe cose che aveva in testa, e che avrebbe fatto in studio, nessuno doveva conoscerle prima. Se Baudo riempiva tutti gli spazi, lui aveva deciso di dilatarli e di stravolgere ogni regola per dare più risalto alla sua visione del mondo, che era fatta anche di questi concetti: «Attenzione, non date troppa importanza a quello che succede e si dice in tv. C'è una grande differenza fra vero e verosimile, non fatevi, non facciamoci ingannare». Sembra incredibile, ma Adriano quell'anno in tv, su Rai1, veicolò anche questo messaggio.

Oggi sarebbe possibile una cosa del genere?
Non credo. Niente e nessuno è come allora. E se il suo, il nostro, *Fantastico 8* fu in assoluto uno dei più grandi successi della tv italiana, è anche perché c'era un'azienda inte-

ra che andava nella stessa direzione. Sapeva rischiare, fare, gestire. C'era gente anche antipatica, va detto, ma capace. E questo fa superare ogni difficoltà.

Perché lo sottolinei?
Perché mi ricordo di certe persone che sollevavano questioni anche delicate e importanti sempre nel peggiore dei modi, in automatico rompevano le palle, ma erano dei professionisti che puntavano allo stesso nostro risultato e questa è l'unica cosa che contava e che conta.

I critici e gli osservatori dissero che «dopo Celentano lo spettacolo in tv non sarebbe stato più lo stesso». Non mi sembra sia andata così.
Già, per niente. Come Adriano c'è stato e c'è solo lui. Il grande Renzo Arbore ha sempre battuto un altro territorio dell'anima, idem il formidabile Fiorello, che suona una musica completamente diversa. Il primo e unico uomo di spettacolo a portare le sue idee sulla realtà, e a valorizzarle come tema centrale di uno show televisivo, è stato Celentano. Corrado o Baudo, per esempio, non l'avevano mai fatto. Fu una rivoluzione, la sua. Adriano era in contrasto con la tv e si inventò il silenzio-protesta. Una bomba a orologeria che conquistò un pubblico immenso. Una formula che rimase isolata perché, dopo, uno come lui non c'è più stato e ancora non c'è. Infatti solo Adriano, in seguito, fece qualcosa di simile con *Svalutation* nel 1992, *Francamente me ne infischio* nel 1999, *125 milioni di cazz..te* nel 2002 e *Real Politik* nel 2005.

La lezione più importante che hai imparato da quella esperienza con Celentano qual è stata?
Che la credibilità è tutto. Se Adriano non l'avesse avuta, con tutte le cose strampalate che ha detto e che ha fatto, alcune anche noiose e inconsistenti, sarebbe andata a finire in maniera molto diversa. Una delle cose più clamorose fu la complicità che si creò in studio fra lui, sua moglie e i tecnici, quasi tutti dalla sua parte a tal punto che quando Claudia Mori prima di entrare in teatro si metteva le videocassette con i filmati ambientalisti dentro il reggiseno, perché temeva che qualcuno all'ingresso potesse intercettarle, c'erano dei montatori che si attivavano per fare in modo che nessuno l'avvicinasse. C'era un vero e proprio clima carbonaro. O eri con lui o contro di lui.

E tu da che parte stavi?
Onestamente quella fu un'esperienza travolgente sotto tutti i punti di vista. Non si era mai fatto niente del genere prima e per me far parte di quella produzione, esserne addirittura responsabile, fu una fortuna. Professionale e umana. Ne sono sempre stato consapevole. Come facevo a essere contro un innovatore?

In quel clima tu come ti comportavi?
Io ero rigoroso nel far rispettare le richieste dell'azienda, e nel fare in modo che tutta la macchina della produzione girasse al massimo, ma cercavo di aiutare Adriano in ogni modo. Ci furono momenti di grandissima tensione, ma mai veri conflitti. Di sicuro imparai a convivere con carichi di stress pesantissimi. Mai provato niente di simile. La scaletta si montava e si smontava fino all'ultimo momento,

e quando pensavo che fosse quella definitiva, veniva sempre stravolta. Non c'erano mai certezze. Succedeva tutto e il contrario di tutto. E si faticava il triplo.

Ti ritrovasti anche in tribunale.
Esatto. Nella puntata del 7 novembre, dopo le apparizioni di Rupert Everett, Patsy Kensit e Apollonia ci fu l'attacco di Adriano a De Mita, Craxi, Spadolini, Zanone, Pannella, Almirante e Capanna, colpevoli di non aver mai contrastato la caccia. Al termine chiese di avere in studio una lavagna per scriverci "La caccia e contro l'amore", senza l'accento sul verbo, per poi invitare il pubblico a casa a scrivere quella stessa frase sulla scheda del referendum sulla caccia – in calendario l'8 e 9 novembre 1987 – commettendo tre errori clamorosi: indurre gli elettori ad annullare la scheda, alterare i seggi elettorali, attentare ai diritti politici dei cittadini. Dopo la sua sparata durante la prima pausa pubblicitaria, molto arrabbiato, gli parlai accompagnato da un notaio e insieme gli facemmo capire che il suo appello avrebbe danneggiato chi era contrario alla caccia perché le loro schede con quella scritta sarebbero state annullate.

E lui?
Finalmente capì la cazzata che aveva fatto e provò a metterci una pezza facendo marcia indietro più volte nel corso della puntata. Arrivò anche a invitare i telespettatori a scrivere al Capo dello Stato questo messaggio: "Io sono il figlio della foca". Il risultato? La Rai lo multò di 200 milioni e lui la settimana successiva fece sapere che avrebbe pagato per l'errore e avrebbe dato la stessa cifra in bene-

ficenza. Fummo denunciati in tre proprio per violazione della legge elettorale e attentato ai diritti politici dei cittadini: Adriano, il direttore di rete Rossini e il sottoscritto. Agnes mi fece difendere dall'avvocato Franco Coppi (in seguito difensore di Giulio Andreotti, Silvio Berlusconi e tanti altri imputati eccellenti), una vera superstar del Foro. Rossini, che non sapeva niente di tv e temeva che Agnes volesse farlo fuori, si affidò a Gianni Massaro (il legale che fece nuovamente uscire nelle sale *Ultimo tango a Parigi* di Bernardo Bertolucci dopo il clamoroso caso di censura e di condanna al rogo). Adriano intanto fu multato. A maggio 1988 fummo convocati separatamente negli uffici del procuratore generale della Repubblica, Ettore Maresca, in piazza Adriana a Roma. Non fu semplice affrontare quella vicenda.

Il sorpasso

Come andò l'udienza?
Ero molto preoccupato, quella mattina al Palazzaccio. Maresca senza girarci intorno, e con modi asciutti, mi disse subito: «Non mi faccia perdere tempo. Si sieda e risponda alle domande in maniera chiara e sintetica. Non divaghi. Si attenga ai fatti e a quello che le chiedo». Fu subito chiaro che cercava la pistola fumante per provare che anch'io fossi a conoscenza delle intenzioni di Adriano e quindi fossi in qualche modo suo complice. Io e quindi tutta la Rai. In pratica, cercava il gobbo, il cartellone che serve da suggeritore. Se l'avesse trovato, avrebbe dedotto che non potevo non sapere. Io gli dissi molto chiaramente che usare il gobbo con Celentano è impossibile: «Lui fa quello che vuole e da lontano, senza occhiali – che in scena non usa mai – non ci vede da qui a lì. È come se fosse orbo». Lui si mise a ridere. E capì che non mentivo, davvero non sapevo quello che avrebbe fatto in diretta. Non fui rinviato a giudizio. Il fatto non costituiva reato, così fu anche per Rossini. Forse, se il procuratore

cercava la complicità dell'azienda, avrebbe dovuto indagare sulla lavagna.

Che vuoi dire?
Adriano la volle con insistenza, quindi in mente aveva qualcosa.

E tu, prima di andare in onda, glielo chiedesti?
No. Nessuno di noi pensò a un finale del genere. Di quello non ci preoccupammo, sbagliando.

E per Celentano come finì?
Lui andò a giudizio. E durante il processo disse: «È stata una mia iniziativa non prevista. Mi è venuta lì per lì... Non l'avevo pensata prima. Non era mia intenzione fuorviare chi andava a votare. Non credevo che quel monologo potesse scatenare tanto scalpore. Per quanto riguarda l'invalidamento delle schede non conoscevo il regolamento, tant'è vero che subito dopo, quando me l'hanno spiegato con un notaio, ho rettificato cercando di porre rimedio al danno fatto». Alla fine, il 7 giugno 1988, la prima sezione della Corte di Assise di Roma, dopo quattro ore di camera di consiglio, decise che Adriano non voleva condizionare il referendum sulla caccia e aveva espresso solo opinioni personali. In pratica, non aveva commesso reato. Gli ambientalisti esultarono. Poco prima, invece, la Corte dei Conti avviò un'indagine sui rapporti Rai, Celentano, Procter & Gamble, la società che sponsorizzava *Fantastico 8*. Voleva capire meglio se era stata scelta perché in grado di pagare su conti esteri e quindi aggirare controlli fiscali. Nulla venne fuori. Il 28 gennaio 1989 Celentano fu assolto «perché il fatto

non sussiste» anche in secondo grado visto che la Procura Generale impugnò la sentenza. Con un'unica udienza, per fortuna, si chiuse anche questo processo.

Sempre quell'anno, però, Celentano fece di tutto.
Sì. E quando parlo di rivoluzione intendo dire semplicemente questo: Adriano in tv fece davvero cose che in Italia non si erano mai viste né sentite prima. La terza puntata, quella del 17 ottobre, chiese un minuto di raccoglimento, in studio e a casa, contro l'inquinamento acustico provocato dalla tv. «Se volete, cambiate canale,» disse al pubblico di Rai1 «ma quali cazzate troverete che siano migliori di quelle che sto dicendo io, qui, adesso?».

Invitò anche Franca Rame, giusto?
Certo. La violenza sulle donne era già allora un tema d'attualità, così Adriano il 28 novembre le chiese di recitare il suo sconvolgente monologo *Lo stupro*, storia della violenza da lei stessa subita in un furgone, quattordici anni prima, nel 1973, da cinque neofascisti. Una performance scioccante e commovente che sconvolse l'Italia. Enzo Biagi sulla «Repubblica» ci massacrò. «Un conto è il teatro di Dario Fo, un altro il varietà di Celentano. Una denuncia così forte e importante non si intona con la Lotteria di Capodanno. Celentano è un cinico furbacchione.» Lui, caricato a molla dalle critiche, a ridosso del Natale rilanciò invitando proprio Dario Fo, il marito di Franca Rame, a recitare il monologo sull'infanzia di Gesù, desunto dai vangeli apocrifi, scatenando l'ira dei vescovi. Poi ci fu il chirurgo oftalmico sovietico Nikolayevich Fjodorov che aveva operato con successo la zia di Claudia Mori, resti-

tuendole la vista, ma fece incazzare a morte i medici italiani, contrari ai suoi metodi.

Compreso il potente Biagio Agnes.
Esatto. Il direttore generale, ideatore del popolarissimo programma di medicina *Check Up* su Rai1, voleva che in tv andassero a parlare solo i «suoi» medici, di solito primari e professori universitari. Giustamente voleva il massimo dell'autorevolezza. Adriano si era impegnato con me e il direttore di rete Rossini a non nominare l'assistente italiano di Fjodorov, Massimo Lombardi, attivo nel settore privato e inviso ai grandi baroni della medicina. Ovviamente, intervistando il luminare russo citò ed elogiò anche Lombardi, facendo esattamente il contrario di quello che aveva promesso. Insomma, ogni settimana succedeva qualcosa che scatenava polemiche di ogni tipo alimentando spesso anche un dibattito politico. Il 21 novembre, dopo un surreale scambio di battute fra Adriano e l'ospite musicale Little Steven, il chitarrista di Bruce Springsteen che aveva fatto un disco con una canzone, *Sun City*, con la quale attaccava l'apartheid in Sudafrica – «Come vedi il mondo?» «Ci sono un po' di problemi. Ci sono i referendum, Adriano, ma la gente non li capisce. E poi gli editori, la democrazia...» – alle 23.06 Celentano chiese a tutti durante il suo monologo di prendere il telecomando e andare su Canale5 per cinque minuti. L'Auditel il giorno dopo fece sapere che gli avevano dato retta quasi 4 milioni di italiani. Da 10 milioni 39 mila telespettatori l'ascolto crollò a 6 milioni 450 mila, mentre il film *Anche gli angeli mangiano fagioli*, in onda sul Biscione, schizzò da 2 milioni 796 mila a 6 milioni 224 mila. Scaduto il tempo,

tutto tornò come prima. Capisci che cosa fu quell'edizione di *Fantastico*?

Come andò con il tabù del televisore spento?
Il 12 dicembre, quattro giorni dopo l'accordo Reagan-Gorbaciov per lo smantellamento di parte dei loro arsenali nucleari, Adriano per festeggiare l'evento stappò una bottiglia di spumante in diretta, chiese di inquadrare una foto dei due politici, e poi disse al pubblico di spegnere il televisore per cinque minuti per riflettere con calma su quello che era successo. L'Eni il giorno dopo comunicò ufficialmente che avevano accettato il suo invito 5 milioni e 600 mila italiani. Secondo l'Auditel anche di più: 8 milioni su 12 che lo stavano guardando. Il giorno dopo Eugenio Scalfari scrisse su «Repubblica» che era nato il celentanismo. Devi sentire Bruno, però.

Bruno chi? Gambarotta?
Sì. È lui l'uomo giusto. Bruno di questi exploit di Adriano sa ogni cosa. Ha anche scritto un libro gustosissimo (*Fuori programma. Le mie memorie dalla Rai*, nda). È un uomo straordinario, Bruno. Uno che in Rai ha fatto di tutto: cameraman, programmista, autore, regista, presentatore, attore... Con Adriano è stato eccezionale.

¶

Bruno Gambarotta: «Quando Mario Maffucci – tramite il collega Mimmo Scarano – con il quale avevo già lavorato in passato, mi fece arruolare nell'avventura *Fantastico 8*, all'inizio mi disse di affiancare Adriano, conquistare la sua fiducia e spiegargli in ogni circostanza i limiti delle nostre strutture produttive, visto che lui aveva idee faraoniche impossibili da realizzare. Durante *Fantastico* mi sarei dovuto trasferire da Torino a Roma. Dopo la prima puntata, cambiò tutto e mi chiese ben altro. La mia vita imboccò una strada non prevista per via di un "problemino" con il caffè, quell'anno sponsor principale dello show insieme a un detersivo. Al debutto entrai nella diretta video per cercare di salvare il salvabile, ma dalla seconda puntata con Mario e Adriano si decise che ogni settimana, durante il momento promozionale, l'avrei affiancato per spiegare il regolamento del concorso. Visto che non riusciva a farlo, bisognava trovare una soluzione pratica. Va bene tutto, ma con la pubblicità non si scherza».

Bruno Gambarotta ha 86 anni, un buon carattere, un forte accento piemontese, e una gustosa ironia che si abbina a meraviglia con i fatti che racconta al telefono. La sua vita, dopo l'incontro con Adriano Celentano, è cambiata per sempre. In meglio.

B.G.: «"I miei amici hanno detto che fai ridere più di me" disse Adriano dopo il mio primo intervento di soccorso televisivo, guardandomi con un tono divertito e un po' provocatorio. Per un commento come quello un altro artista della sua caratura mi avrebbe incenerito all'istante, sapevo bene che per molto meno Nino Manfredi o Alberto Sordi avevano tagliato intere scene di film in cui le loro "spalle" facevano ridere più di loro. Adriano no. E così diventai il suo sherpa, il fidato portatore d'acqua. Quello sempre pronto a intervenire nei momenti complicati. Ogni settimana gli preparavo anche i dossier sugli ospiti che doveva intervistare, che lui ovviamente non guardava neanche da lontano. E quando nell'undicesima puntata – il 12 dicembre 1987 – fu il turno dei Bee Gees, che avevano appena inciso un album intitolato *Esp*, anche in quel caso ci fu da ballare. "Che vuol dire?" mi chiese dietro le quinte poco prima che i tre finissero di cantare per fare la chiacchierata con lui. "Hai letto la scheda che ti ho fatto?" E lui: "No". "Vuol dire esperienze extrasensoriali." "Spiegati meglio." "Sono tutte quelle cose che hanno a che fare con il paranormale. La telepatia, lo spostamento di oggetti a distanza, la levitazione…" "Sei sicuro?" "Sì, Adriano." Nel frattempo l'assistente di studio faceva gesti da disperato perché i tre lo stavano aspettando al centro dello studio. Lui, piano piano li raggiunse, a uno dei tre toccò la camicia, e se ne rimase zitto per un po'. Poi un altro po' ancora. E poi chiese: "Come si intitola il vostro nuovo album?". "E che vuol dire?" L'intervista durò otto interminabili minuti. Alla fine, prima di salutarli, disse: "E John Travolta come sta?".

«Quando invece chiese al pubblico a casa di spegnere la tv dopo l'accordo Usa-Urss sul disarmo nucleare, mi si gelò il sangue. L'estate prima dello show, durante le riunioni, Adriano aveva parlato spesso di quello che per lui era un film straordinario: *Quinto potere* di Sidney Lumet, con William Holden, Faye Dunaway e Peter Finch, che interpreta il conduttore televisivo Howard

Beale. Il quale, per il calo degli ascolti, rischiava il licenziamento. Disperato, arriva ad annunciare che nella puntata successiva si suiciderà durante la diretta. Nel corso della serata accusa la tv: "È un circo, non è la verità. Adesso spegnete subito i televisori, alzatevi, andate alla finestra e urlate più volte: 'Sono incazzato nero e tutto questo non lo sopporterò più'". Cosa che nella finzione fece impennare gli ascolti a livelli record. Bene, undici anni dopo aver visto quel film, Adriano nella realtà fece lo stesso. Nessuno di noi poteva immaginare che avrebbe riproposto quella situazione nello show più importante e seguito della tv italiana. Con risultati clamorosi, degni di un grandissimo visionario. Adriano era imprevedibile, Mario Maffucci lo sa più di chiunque altro, visto che in quei mesi sarà invecchiato di dieci anni. Si faceva vedere in teatro all'ultimo momento, e a volte ti gelava il sangue perché sembrava che non ce la facesse proprio ad arrivare in tempo. A Roma dormiva in una suite dell'Hotel Hilton, a Monte Mario, e si faceva accompagnare al Delle Vittorie da una misteriosa signora che guidava una Mercedes blu scuro. Un sabato, a pochissimi minuti dall'inizio dello show, arrivò all'ingresso, dove c'era sempre una sacco di gente, aprì lo sportello dell'auto e di fronte trovò un giovane scalmanato che a un metro da lui iniziò a urlare come un pazzo: "Adriano, aiutami! Adriano, salvami!! Adriano, dammi un lavoro!!!". Era veramente fuori di testa. Adriano si spaventò e bianco in volto mi disse di fargli fare assolutamente qualcosa. "Adriano, che dici? Come faccio? Ci vuole l'assicurazione… E poi perché proprio noi dobbiamo dargli un lavoro?"

E lui: "Ho paura di finire ammazzato come John Lennon". Dopo aver parlato con Mario Maffucci gli facemmo fare il figurante».

¶

A conti fatti Celentano fece vincere alla Rai la sfida con la Fininvest targata Baudo.
Senza alcun dubbio. Per la Rai quel *Fantastico 8* fu un trionfo: le follie e le geniali intuizioni di Adriano monopolizzarono l'attenzione dell'opinione pubblica facendo ascolti eccezionali. Per me, un'avventura unica e ricca di soddisfazioni, professionali e umane. Devo aggiungere, però, che se non avessi avuto l'assistenza di Emmanuele Milano, e soprattutto di Biagio Agnes, che mi lanciarono, incoraggiarono e sostennero politicamente, l'impresa molto probabilmente non l'avrei fatta.

Per te ci fu una qualche forma di gratificazione aziendale?
Parli di promozione o soldi in più sullo stipendio? No. Zero. Avevo fatto il mio dovere e tanto doveva bastare. Quando il 6 gennaio, dopo una diretta interminabile, si spensero finalmente le luci, Adriano mi abbracciò forte: «È finita, Mario. Ce l'abbiamo fatta. Ti sei divertito, eh?». Distrutto, in studio salutavo tutti, e tutti – dal magazziniere al tecnico delle luci – ci tenevano a farmi sapere di essere orgogliosi di aver fatto parte dell'avventura. Ecco, questo è lo spirito di squadra della Rai che ho respirato per una vita e che spero esista ancora. Poi ringraziai a lungo gli autori, soprattutto Castellano e Pipolo, che ogni settimana

assieme a me furono gli unici a cercare di dare un senso alle idee strampalate di Adriano e a metterle nero su bianco sulla scaletta, unico strumento per cercare di orientarsi nel caos totale di Celentano. Baci e abbracci anche per Marisa Laurito, Heather Parisi, Massimo Boldi e Maurizio Micheli, i cosiddetti Peggiori, che furono travolti dalla visione di Adriano e da uno spettacolo che, non avendo più regole, li fece andare fuori strada. Per loro era andata male. Per Boldi peggio di tutti: nella penultima puntata fece sapere che la Fininvest gli aveva fatto sequestrare 2 miliardi e 250 milioni di lire per rottura contrattuale (non poteva lavorare per la Rai perché legato in esclusiva a Canale5, lo fece lo stesso e Berlusconi, che in seguito gli abbonò tutto il debito, lo portò in tribunale, nda).

Nell'ultima puntata proprio loro quattro fecero una battuta contro di te quando, giocando a tombola, dopo aver estratto il 47 («Morto che parla: Pippo Baudo»), pescarono il 90 e dissero: «La paura. Allora si tratta sicuramente di Maffucci».

Sono artisti, certe cose non le capiscono. Quella che a loro sembrò prudenza, o addirittura paura, fu semplicemente il modo migliore per superare gli ostacoli e arrivare sempre in porto. Comunque sia, alle quattro del mattino chiesi all'autista di portarmi al Pincio. Non avevo più sonno. Pioveva e avevo bisogno di stare da solo. Era ancora buio e i tetti della Roma rinascimentale, avvolti da un po' di nebbiolina, facevano la loro parte come sempre. Ero spossato, ma finalmente avevo una piacevole sensazione di leggerezza. Forse addirittura di felicità.

Avevate vinto.
Non avevo la forza di fare un vero e proprio bilancio, ma con quel poco di lucidità che mi restava misi a fuoco che un risultato lo avevamo centrato: Berlusconi e Baudo non ce l'avevano fatta a sorpassarci. Per tre mesi abbondanti, ogni settimana, gli italiani – non solo quelli che seguivano le vicende della tv – si erano chiesti: cosa si inventerà stavolta quel pazzo di Celentano su Rai1?

E così, dopo quel Fantastico, *il Cavaliere cambiò strategia, giusto?*
Certo. Il sorpasso non ci fu, anzi, Berlusconi rimediò una sonora sconfitta. E Baudo, costretto senza diretta a competere con noi in condizioni di inferiorità con il suo *Festival*, realizzato con Lorella Cuccarini e la coppia Gaspare e Zuzzurro, si rese finalmente conto di aver fatto un errore fatale, accecato dai soldi di un'azienda che gli aveva dato l'illusione di poter dirigere anche tutti gli altri personaggi Fininvest. A gennaio 1988 Pippo comunicò a Berlusconi che aveva intenzione di rescindere il contratto. Lui acconsentì, ma gli disse che avrebbe dovuto pagare una penale e star fermo per un anno, come prevedeva una clausola del loro accordo. In seguitò Baudo raccontò: «Silvio pretese il palazzetto su viale Aventino, a Roma, che avevo appena comprato, compreso il bar che dava sulla strada». Dopo, quando il 13 gennaio 1992 partì il telegiornale, lo trasformò nella sede della redazione del Tg5 diretto da Enrico Mentana, che accettò l'incarico lasciando la vicedirezione del Tg1.

Cosa sbagliò Berlusconi?
Il successo di un'azienda televisiva non si costruisce solo

con le star, ma con una strategia credibile, solidità d'intenti e una squadra all'altezza di ogni situazione. Dopo il successo clamoroso di Celentano, Berlusconi capì in fretta che per consolidare la sua posizione sul mercato televisivo sarebbe stato più pratico e fruttuoso condizionare la politica e regolare con una legge tutti i problemi di natura legale che aveva con le sue tre reti.

Ti riferisci alla questione delle videocassette che in simultanea ricreavano una diffusione nazionale dei programmi che Fininvest non poteva avere?
Sì. Tra il 13 e il 16 ottobre 1984 i pretori di Roma, Torino e Pescara emanarono dei decreti ingiuntivi ordinando alla Fininvest di sospendere l'interconnessione dei ripetitori di Canale5, Italia1 e Rete4, limitatamente alle regioni di loro competenza, perché quel sistema di diffusione simultanea regionale – grazie alle videocassette – violava una legge dello Stato che imponeva a Fininvest di avere una concessione su cui all'epoca non poteva contare. Poco dopo, tra la fine del 1984 e l'estate del 1985, arrivarono i tre Decreti Berlusconi emanati dal Governo Craxi, caro amico e alleato del Cavaliere. Il primo però fu bocciato alla Camera perché giudicato incostituzionale, il secondo passò – dopo che il governo pose la questione di fiducia – ma con efficacia di soli sei mesi, e il terzo dopo la proroga della scadenza diventò finalmente legge. Ma non finì lì.

Cosa accadde?
Nel 1988 la Corte Costituzionale dichiarò incostituzionale quella legge ma non l'annullò in attesa che se ne facesse una nuova con l'obiettivo di regolamentare tutta la

materia radiotelevisiva e colmare un evidente vuoto legislativo. Si preparava così il terreno per la redazione della famigerata Legge Mammì, all'epoca ribattezzata con sarcasmo *Legge Polaroid*, visto che fotografava la situazione esistente e legalizzava le tante anomalie che si erano venute a creare. In favore di Berlusconi, ovviamente. Non fu una passeggiata, però.

Ci fu un vero e proprio terremoto politico. Si dimisero cinque ministri democristiani del Governo Andreotti VI: perché?
Perché sotto l'energica pressione del leader socialista Bettino Craxi, il premier democristiano pose la fiducia. Lo scontro politico fra maggioranza e Pci fu durissimo e stavano affiorando dubbi e perplessità anche all'interno dei partiti di governo. Così – quando la legge arrivò al voto in Aula il 27 luglio 1990 – Calogero Mannino, ministro dell'Agricoltura; Carlo Fracanzani, ministro delle Partecipazioni statali; Riccardo Misasi, ministro per gli Interventi straordinari per il Mezzogiorno; Mino Martinazzoli, ministro della Difesa; e l'attuale presidente della Repubblica, Sergio Mattarella, allora ministro della Pubblica istruzione, lasciarono immediatamente i loro incarichi. Erano tutti pesi massimi della sinistra Dc e contestavano la legalizzazione del duopolio Rai-Fininvest, che di fatto favoriva un solo player privato in netta contrapposizione con i principi della direttiva comunitaria finalizzata alla tutela della pluralità, che l'Italia era tenuta a recepire. Quella legge, però, doveva passare a tutti i costi. Era parte dell'accordo di governo fra socialisti e democristiani. E l'Europa, in fondo, era solo l'Europa. Poteva aspettare.

¶

Il professor Claudio Lodici, 65 anni, insegna scienze politiche alla Loyola University Chicago – John Felice Rome Center. Dal 1987 al 1994 è stato direttore dello staff e primo collaboratore del presidente del Senato italiano, il repubblicano Giovanni Spadolini (1925-94).

> Claudio Lodici: «Quel giorno, il 27 luglio 1990, mi trovavo nel piccolo studio del presidente del Senato, a pochi passi dall'aula di Palazzo Madama, di fronte all'ambulatorio dei senatori e nei pressi del servizio degli stenografi. Non era infrequente che ci vedessimo lì nelle pause dei lavori parlamentari. Suonò il telefono: era Andreotti. Spadolini ascoltò il presidente del Consiglio senza fare domande o commenti. La telefonata non durò nemmeno dieci minuti. Salutato Andreotti, Spadolini rimase per un po' in silenzio. Potrei sbagliare ma giurerei che fosse sorpreso e perplesso, quasi turbato. Poi si avvicinò ed esclamò: "È imperturbabile. Ha detto che li sostituisce tutti. Tutti e cinque. Subito."».

¶

Mario, Andreotti cambiò cinque ministri del suo governo: niente crisi e avanti tutta…
Sì. Normalmente ci sarebbe stata senz'altro, ma Andreotti rassicurò subito Craxi e in meno di un'ora avvisò il Quirinale che avrebbe dato il via a un rimpasto. I cinque di-

missionari li aveva già sostituti con Vito Saccomandi all'Agricoltura, Virginio Rognoni alla Difesa, Franco Piga alle Partecipazioni statali, Gerardo Bianco alla Pubblica istruzione, Giovanni Marongiu agli Interventi straordinari per il Mezzogiorno. Il governo rimase in piedi e la Legge Mammì, la seconda a regolamentare la materia radiotelevisiva nel nostro Paese dopo la riforma della Rai del 1975, il 1° agosto fu votata dal Parlamento e il 6 promulgata dal presidente della Repubblica Francesco Cossiga fra mille critiche e polemiche. Non a caso dal giorno dopo si cominciò a parlare di farne subito un'altra.

Il bello della diretta

Mentre eri ancora al lavoro con Celentano e il suo show lanciasti anche Biberon, *il primo spettacolo televisivo del Bagaglino di Pier Francesco Pingitore, il guru del criticatissimo cabaret nazionalpopolare della tv italiana? Come andò?*
Sì. Non era ancora terminato *Fantastico 8* (l'ultima puntata, quella del 6 gennaio 1988, durò più di sei ore ed è ancora oggi la più lunga diretta di un sabato sera, nda), quando il 25 novembre 1987, in terza serata, ma subito dopo in seconda, partì *Biberon*.

L'idea di chi fu?
Di Pingitore. A Ninni, che conosco da una vita perché da ragazzi, dopo la guerra, a Roma giocavamo insieme a pallone, mesi prima avevo chiesto, dopo che lui mi aveva parlato delle cose che aveva in mente, un programma di satira.

Così come lui te lo presentò?
Più o meno. Io, per il piacere di giocare un po' con la politica – approccio che mi è stato trasmesso dalla mia cat-

tolicissima mamma, che aveva uno zio deputato liberale a cui era molto affezionata – chiesi qualcosa che pungesse un po'. Lui come autore e regista per me rappresentava una garanzia, visto che il suo mitico locale di via di Panìco, a Roma, nel suo campo era stato dalla fine degli anni Sessanta in poi un'istituzione paragonabile solo al Derby di Milano. Da Enrico Montesano a Gabriella Ferri, erano passati tutti da lì.

E in Rai il progetto passò facilmente?
Ovviamente no. In un'azienda così complessa, le riunioni – che spesso e volentieri si convocavano senza tener conto dei reali impegni delle persone coinvolte, soprattutto se di grado inferiore – si dividevano in semplici e «speciali». In quest'ultimo caso era meglio capire in fretta come e perché erano state convocate. Altrimenti bisognava essere pronti a tutto. E da quello che mi raccontano, non credo che adesso sia cambiato tanto. Il 20 novembre, comunque, mentre infuriavano le polemiche per gli exploit di Celentano, mi trovavo al Delle Vittorie per le prove di *Fantastico 8*, quando all'improvviso mi venne a prendere un fidatissimo assistente di Biagio Agnes, Salvatore Biamonte, per portarmi velocemente al settimo piano di Viale Mazzini, sede del cda Rai e del direttore generale. «È stata convocata una riunione speciale,» mi disse «e il dottore la sta aspettando. Adesso.»

Tema del giorno?
Non lo conoscevo, ma ci misi poco a capire di cosa si trattasse. Entrai nella stanza delle riunioni e trovai già seduti Giuseppe Rossini e Carlo Fuscagni, direttore e vi-

cedirettore di Rai1, Biagio Agnes ed Emmanuele Milano, direttore generale e vicedirettore generale della Rai (Milano dopo poco sarebbe passato a Telemontecarlo, nda). Si erano già confrontati sull'imminente debutto di *Biberon*, previsto per il 25 novembre, e subito era emerso un problema: il primo copione dello spettacolo non andava bene. La prima domanda che mi feci, sedendomi, era di quelle terra terra: «Perché i grandi capi l'hanno già letto e io no? E poi: chi lo ha chiesto direttamente a Pingitore? E perché?».

Perché?
Facile. Rossini non poteva essere stato perché il progetto *Biberon* l'aveva sempre visto con favore per due motivi: nella sua mentalità di liberale non c'era spazio per la censura e poi perché ignorava completamente cosa fosse il cabaret... Il democristiano ortodosso Carlo Fuscagni, invece, cercando ruolo e spazio per mettersi in mostra mentre io e tutti gli altri eravamo impegnati a gestire il ciclone *Fantastico 8*, si concentrò sul progetto di Pingitore cercando problemi per poi poter facilmente indossare i panni del difensore dell'azienda. E così fece pressioni sul direttore Rossini. Fuscagni gli disse: «Direttore, non ti stai preoccupando di *Biberon*, ma se non stai attento aggiungerai alle polemiche su Celentano anche quelle che nasceranno da questo spettacolo. Non voglio influenzarti, ma il copione l'hai letto?». Rossini: «Devo leggerlo?».

«Certo. Devi leggerlo e controllarlo.» «Mi stai dicendo che dovrei censurarlo?» «Se è il caso bisogna fare anche questo, sì. Il responsabile sei tu, caro direttore.»

Quindi fu Pingitore a consegnare il copione?
Sì. Rossini, da grande pragmatico qual era – la sua unica qualità – entrò subito nel ruolo prospettato dal pavido Fuscagni e gli chiese immediatamente una copia, che arrivò in tempi rapidissimi. Letto il testo si rese conto che, per la mentalità dell'epoca, c'erano criticità sulle quali era opportuno approfondire per valutare se bisognava anche intervenire. A Fuscagni chiese cosa fare e quello rispose subito, senza esitare, anche perché era proprio lì che voleva arrivare: «Avvertiamo il vicedirettore generale Milano».

Il quale, rispettando la catena di comando, avvisò Agnes.
Esatto. Milano l'avevo conosciuto e apprezzato come direttore di rete coraggioso e per niente conformista, ma nel nuovo ruolo si era trasformato in un dirigente estremamente prudente. Così quando Agnes venne a sapere tutto si passò la mano sulla fronte, poi sugli occhi, e infine si guardò intorno: «Chiamate Maffucci». Ecco perché mi vennero a prendere di corsa in teatro.

La riunione come andò avanti?
Rossini parlò per primo: «Mario, sul fronte *Biberon* ci sono delle complicazioni».

E tu?
«Direttore, non ho letto il copione, nessuno mi ha avvisato, e quindi non so di cosa tu stia parlando» gli dissi. «Facendo questa verifica mi avete del tutto ignorato.» Vidi subito Agnes, massiccio com'era, muoversi nervosamente sulla sedia. Mi passarono il copione e iniziai finalmente a leggerlo.

I passaggi delicati quali erano?
Soprattutto due: un'imitazione del permalosissimo Ciriaco De Mita focalizzata soprattutto sul suo modo di parlare con le «d» al posto delle «t», cosa che lo rendeva particolarmente ridicolo, e alcune battute sulla seconda moglie di Amintore Fanfani, Maria Pia Tavazzani. All'epoca la signora era molto esposta mediaticamente perché attivissima come presidente della Croce Rossa Italiana, e come tale in quel periodo imbarcata nelle tante delicate missioni della Marina Militare in giro per il mondo. Era così in prima linea che finì nel mirino dei giornalisti più critici come super presenzialista. E nello sketch si diceva di lei che era «una signora d'antan molto coinvolta con il personale della nave».

Cosa fu proposto di fare?
Milano si fece avanti: «Perché non registriamo tutto così ogni problema lo risolviamo durante il montaggio?». Io replicai dicendo che questa soluzione andava a sbattere contro tutto quello che avevo detto e fatto presentando e costruendo il progetto di Pingitore: la diretta era fondamentale per imprimere allo spettacolo un taglio che risultasse credibile per i telespettatori. «Se la togliamo,» aggiunsi «eliminiamo il pepe della satira e non riusciremo mai a stabilire un reale rapporto con chi ci segue da casa. Sembrerà tutto finto. Se volete farlo registrato mi costringete a firmare le dimissioni. Io mi sono impegnato personalmente con Pingitore per garantirgli la diretta».

La reazione?
Si guardarono tutti negli occhi, ma evidentemente nessuno mi prese sul serio. Fuscagni disse di essere d'accordo con la

proposta di Milano. Rossini non pronunciò neanche una parola, in attesa della mossa successiva. Che arrivò dopo qualche secondo. Sempre più nervoso, Agnes intervenne alzando la voce: «Emmanuele, ma che dici? Non se ne parla nemmeno di togliere la diretta. Lo dico adesso e non lo ripeterò: sono assolutamente contrario a questa soluzione. In questo momento solo noi della Rai ce l'abbiamo – noi, non Berlusconi – è la nostra bandiera e dobbiamo tenercela stretta. Non ho alcuna intenzione di rinunciare a questo vantaggio».

Come finì?
I modi e le parole di Agnes, quando si irrigidiva, non lasciavano spazio ad altre chiacchiere: «Rossini, adesso tu e Maffucci vi fate portare da un autista aziendale al Salone Margherita, dove Pingitore sta facendo le prove con i suoi artisti, lo salutate, lo portate in un angolino, ci parlate per tutto il tempo che serve, e risolvete ogni cosa. Ci siamo capiti?». Come se non bastasse, infastidito, concluse: «E adesso andate via tutti perché ho da fare». Nessuno fiatò. Fine della riunione.

¶

Pier Francesco Pingitore: «Io e Mario eravamo amici d'infanzia, giocavamo a calcetto per strada, quando a Roma una macchina in giro si vedeva passare ogni mezz'ora. A volte ci spingevamo anche sui campi veri e propri, quelli della periferia, che trovavamo a poche centinaia di metri dai nostri portoni di casa, in zona Roma nord. Poi ci perdemmo di vista».

Pier Francesco Pingitore, 90 anni, una vita intera passata fra teatri, studi televisivi e set cinematografici, nominato nel 2018 commendatore della Repubblica italiana e nel 2020 celebrato con la Gran Croce al merito di quella ungherese, parla seduto intorno al grande tavolo del salotto della sua casa di Roma nord. Davanti a sé ha un vassoio con una montagna di panini all'olio di ogni tipo e un altro ancora pieno di gelati con lo stecco di tutti i gusti possibili e immaginabili. Cortese e disponibile, ha un'ottima memoria, parla con calma e fermezza, e ha quell'atteggiamento un po' da domatore di leoni, cioè di chi è abituato a governare caratterini e caratteracci, sa come farsi ascoltare e non vuole perdere tempo.

P.F.P.: «All'improvviso, dopo aver fatto un enorme salto nel tempo, superando i decenni del boom economico, la Dolce Vita e il terrorismo, ritrovai Mario quarantenne e dirigente Rai. Io avevo già lavorato in qualche programma dell'azienda. Era il 1987. Dopo avergli parlato dei miei spettacoli, in teatro e in tv, come autore di *Dove sta Zazà* e *Mazzabubù* con Gabriella Ferri, il mio amico ritrovato mi chiese di pensare a uno spettacolo per la Rai, e io a stretto giro gli proposi *Biberon*, uno show satirico per la seconda e terza serata. Lui ne fu entusiasta e portò avanti il progetto, fino a quando non ci fu lo stop per la faccenda del primo copione, le battute che avevo scritto e l'opportunità della diretta. Mario fu formidabile. Minacciare le dimissioni, rischiare in prima persona, e dimostrare ai più alti dirigenti dell'azienda che aveva ragione fu un azzardo rischiosissimo ma decisivo. Andò bene a lui e soprattutto a me e a tutti noi del Bagaglino. Grazie a lui la mia e la nostra vita cambiò. Dopo quel debutto fortunatissimo passammo subito dalla terza alla seconda serata e poi, trionfalmente, la seconda stagione la facemmo fin dall'inizio in prima. In sette anni, dal 1987 al 1994, realizzammo cinquantadue spettacoli dagli ascolti incredibili, con una media di 10 milioni di telespettatori a puntata, quattordici quando nel 1991 al Salone Margherita di Roma si presentò Giulio Andreotti, quello vero, per incontrare l'altro, quello della finzione, il grande Oreste Lionello. Una serata memorabile».

¶

Mario, alla fine, quel copione tu e Pingitore come lo modificaste?
Ci confrontammo e insieme sfumammo la battuta sulla moglie di Fanfani, in cui si alludeva al fatto che stava sempre in mezzo ai giovani militari. Quella non potevamo tenerla così, era pur sempre la presidente della Croce Rossa Italiana. Mentre addolcimmo di poco la caricatura sul modo di parlare di De Mita (lo interpretava Mario Zamma, nda), politico che in seguito fu trattato sempre con una certa attenzione perché all'incarico di segretario della Dc, il partito di maggioranza relativa, De Mita nel 1988 aggiunse quello di presidente del Consiglio dei ministri. E in Rai queste cose contano più che altrove. Comunque, alla fine, il cabaret di Pingitore partì e fu da subito un grande successo. Dal 1987 al 1989 andò in onda *Biberon*, dal

1990 al 1992 *Gran Caramel* e nel 1993 *Saluti e baci*. Poi in estate arrivarono i Professori.

E tutto cambiò o almeno queste erano le intenzioni.
Già. Il 29 giugno del 1993 venne nominato il nuovo cda della Rai su indicazione dei presidenti di Camera e Senato, Giorgio Napolitano e Giovanni Spadolini. Il presidente Carlo Azeglio Ciampi, il primo premier non parlamentare della storia repubblicana – nominato come tecnico dal presidente della Repubblica Oscar Luigi Scalfaro dopo le dimissioni di Giuliano Amato (che a luglio 1992 aveva fatto il famigerato prelievo forzoso dello 0,6 per cento da tutti i conti correnti degli italiani, nda) – aveva dato indicazioni chiare: «Bisogna dare a tutti un segnale di discontinuità con il passato». Dopo il terremoto Tangentopoli, l'intento era arginare l'invadenza della politica. Scalfaro voleva in qualche modo ricucire il rapporto tra opinione pubblica, politica, tv e mercato.

Da chi era composto il cda della Rai dei Professori?
Come presidente fu nominato Claudio Dematté, professore ordinario di economia aziendale; come consiglieri Tullio Gregory, filosofo; Paolo Murialdi, giornalista e autore di una monumentale *Storia del giornalismo*; Feliciano Benvenuti, insigne amministrativista; Elvira Sellerio, fondatrice dell'omonima casa editrice. E come direttore generale Gianni Locatelli, ex direttore del «Sole 24 Ore», apprezzato da Martinazzoli e da Prodi, all'epoca presidente dell'Iri. Si presentarono dicendo che con loro «la libertà d'opinione era garantita». Nessuno di loro aveva esperienza di televisione.

¶

Claudio Lodici: «Si arrivò alla scelta dei Professori dopo che il premier Ciampi aveva detto espressamente di volere un'inversione di tendenza per cercare di liberarsi dell'influenza della politica negli affari della Rai. Il governo era tecnico, e per questo si pensò che il momento giusto per farlo fosse proprio quello. Come sappiamo, non funzionò. Questo approccio teorico non portò ai risultati sperati. E Spadolini, per il quale lavoravo, l'aveva ampiamente previsto. Conosceva la Rai e non credeva che scelte fatte con questi criteri potessero portare a qualcosa di buono. Per lui fu un lavoro molto oneroso che fece senza alcun entusiasmo. Era preoccupato per il risultato finale e non fu mai contento di selezionare in quel modo la governance di Viale Mazzini.

«C'era appena stata la mini riforma della Rai, la 206/1993, che stabiliva i nuovi criteri di nomina del cda, a carico dei presidenti di Camera e Senato. Una volta scelti e nominati, i cinque consiglieri erano chiamati a eleggere il direttore generale e il presidente dell'azienda. Ricordo che uno di quei giorni Spadolini uscì da Palazzo Madama e dopo poco mi telefonò: "Ciao Claudio, sono qui con Giorgio...". Mi domandai chi fosse Giorgio, ma feci presto a rendermene conto: era Napolitano. Poi aggiunse: "Stiamo cercando di capire come fare questa cosa, come mettere insieme i cinque consiglieri. Tu dovresti chiamare questo e quello, per favore". Io appuntai tutto e mi misi al telefono. Avevo due nomi da contattare. Quando lo feci, entrambi mi chiesero soltanto l'ammontare del compenso e l'impegno richiesto in termini di tempo, ventiquattro ore a settimana. Non accettarono.

«Posso aggiungere che – al contrario di quello che certe cronache del tempo riportarono, cioè che a scegliere fosse stato soprattutto Napolitano – tutte le decisioni furono prese in totale autonomia, senza alcun tipo di ingerenza, e sempre in condivisione. Inoltre posso dire che non tutti i nominati furono prime scelte. Il clima che si respirava in quegli anni, fra Tangentopoli, bombe di mafia e omicidi clamorosi come quelli di Falcone e Borsellino, era terribile: c'era grandissima tensione. E molti non se la sentirono di esporsi anche per quel motivo. Le indicazioni date ai nominati? Nessuna. Dovevano comportarsi secondo coscienza. Un po' naif, tutto sommato. Va anche detto che in seguito non ci fu alcun tipo di rapporto fra le parti, nessuno dei consiglieri, né il presidente o il direttore generale, venne mai al Senato a parlare o a confrontarsi in qualche modo con il presidente Spadolini. E non credo che l'abbiano fatto con il presidente Napolitano. I Professori dopo poco cominciarono a fare le loro prime mosse. Quasi tutte sbagliate».

Pier Francesco Pingitore: «La prima decisione che presero i Professori fu quella di buttare nel cesso il nostro programma *Saluti e baci*. Nella loro linea editoriale per noi non c'era posto. A darmi la bella notizia fu Carlo Fuscagni. "A loro non frega niente di voi e di quello che fate," mi riferì senza addolcire la pillola "quindi niente show". Pur facendo ascolti stellari da anni, e portando con la pubblicità un sacco di soldi nelle casse dell'azienda, eravamo fuori. Io e i miei attori del Bagaglino non ce l'aspettavamo, eravamo sotto shock. Ormai era estate e per noi non c'erano più i tempi tecnici per trovare una soluzione alternativa che ci permettesse di traslocare altrove. La cosa che mi faceva più incazzare era pensare che solo un anno prima avevo rifiutato una ricca offerta della Fininvest. Avevo quasi deciso di cedere alla corte di Berlusconi, che sapeva essere sempre molto seducente, ma poi intervenne l'amico di sempre, Mario Maffucci, che trovò gli argomenti giusti: "Ma dove vai? Questa è casa tua. Senza di te siamo tutti nei guai". E come un fesso mi lasciai convincere... (ride, nda)

«Comunque sia, all'improvviso, mi chiamò Angelo Guglielmi, direttore molto di sinistra di Rai3. Con lui non avevo alcuna sintonia, eravamo diversi sotto tutti i punti di vista, però mi chiese se volevo incontrarlo per fare quattro chiacchiere e io, ovviamente, dissi di sì. Giocò subito a carte scoperte: "Questi Professori non hanno idea di cosa sia la tv e non sanno quello che fanno. Uno di loro si vanta addirittura di non avere il televisore a casa... Se sei d'accordo gli dirò che senza di voi la Rai, oltre a perdere quote di pubblico importanti, rischia di bruciare il denaro che tiene in piedi la baracca, quello degli inserzionisti pubblicitari del sabato sera, che senza il gruppo del Bagaglino si rivolgeranno altrove. Per esempio, alla Fininvest di Berlusconi. Mi autorizzi?".

«"Certo" risposi. Guglielmi fissò un pranzo per tre: io, lui e il nuovo direttore generale Gianni Locatelli, giornalista che per dieci anni aveva guidato con successo «Il Sole 24 Ore» ma ignorava tutto di televisione. Insieme decidemmo di vederci lontano dai soliti ambienti e fissammo l'appuntamento a piazzale Porta Pia, dove all'epoca c'erano due ristoranti a pochi metri uno dall'altro.

«Io arrivai per primo, entrai nella sala e per puro caso vidi seduto a un tavolo – senza essere riconosciuto – proprio Mario che stava pranzando con Ugo Porcelli, storico autore di Renzo Arbore. Non si accorse di me – io feci subito un passo indietro perché non volevo che mi vedesse e soprattutto che qualcuno sapesse di questo incontro così particolare e tutto da interpretare – così andai subito via dal ristorante. Mi nascosi dietro un furgone e lì aspettai qualche minuto Locatelli e Guglielmi. Quando arrivarono li bloccai subito, prima che entrassero, raccontai loro chi c'era dentro e decidemmo di andare a mangiare nell'altro ristorante. Dopo essersi seduto, Locatelli mi guardò negli occhi e senza imbarazzi disse: "Dottore, ci abbiamo ripensato, vogliamo il suo show. Siamo pronti a riprogrammarlo. Che ne pensa?". Ringraziai, feci un bel sorriso, e gli dissi che si poteva fare. Ci accordammo per un anno. Voglio sottolineare che il merito di quel nostro rientro in Rai fu del bravissimo Guglielmi, professionista della tv serio e competente, che infatti dopo pochi mesi con i Professori si dimise da Rai3 perché stufo dei mille ostacoli che gli mettevano davanti ogni momento.

«Qualche giorno dopo quel pranzo, invitai Locatelli, il presidente Dematté e tutti i membri del cda – con relative signore – al Salone Margherita per vedere lo spettacolo normale, quello senza telecamere. Finimmo a bere champagne tutti insieme. Si divertirono, i Professori. La moglie di Dematté, che era già venuta con lui la sera prima, mi prese da parte e mi disse: "Lo sa che non capisco perché mio marito si era messo in testa di cancellare un programma così bello?". Tornammo in palinsesto con il titolo non casuale di *Bucce di banana*, che diceva tutto o quasi su quello che era successo. Fu un successo clamoroso. Tredici puntate senza mai un problema. A parte la critica che ci attaccò sempre e comunque, non riconoscendo la popolarità di quello che facevamo. Ovviamente Berlusconi si rifece sotto e, visto che sbagliare è umano ma perseverare è diabolico, accettai di corsa. A Canale5 ci trattarono benissimo. Mario come la prese? Non condivise, ma capì, e mi abbracciò. Per festeggiare e brindare, due giorni dopo la firma di quel contratto, ce ne andammo in un ristorantino fuori dal solito giro Rai».

Khomeini e Sanremo

Grazie ai Professori, però, nell'autunno del 1993 tornò in tv Beppe Grillo, giusto?

Sì. Sette anni dopo le battute feroci contro Craxi e i socialisti per la loro chiacchieratissima trasferta in Cina, Grillo tornò in pompa magna su Rai1 con due serate al Teatro delle Vittorie di Roma – il 25 novembre e il 2 dicembre 1993 – che fecero il pieno di ascolti (una media di 10 milioni e mezzo di telespettatori, nda), ma anche di polemiche per gli insulti feroci ad Agnes per le hotline 144, le chat telefoniche a contenuto erotico (l'ex dg della Rai nel frattempo era diventato presidente della Stet, Grillo lo definì «magnaccia» e si ritrovò querelato con una richiesta di dieci miliardi di lire di risarcimento, causa poi vinta da Agnes con un indennizzo molto inferiore, nda). E anche per gli attacchi alla Philip Morris, al presidente dell'Auditel Giulio Malgara, allo stesso Silvio Berlusconi, ancora per poco tempo imprenditore-concorrente con la sua Fininvest, visto che dopo neanche due mesi – il 26 gennaio 1994 – avrebbe annunciato la discesa in campo.

Niente a che vedere, però, con il terremoto Cina. Tu c'eri anche in quel caso?
Certo. Nella puntata del famigerato *Fantastico* 7 di Pippo Baudo, quella di sabato 15 novembre 1986, invitammo Beppe Grillo per esibirsi con uno dei suoi monologhi. Nel mirino ci finirono subito i socialisti, anche perché Bettino Craxi, allora presidente del Consiglio, in quei giorni era stato in Cina per una visita ufficiale. La bomba arrivò nel finale del suo intervento: «Alla cena di Craxi a Pechino c'erano tutti i socialisti con la delegazione? E mangiavano, no? A un certo momento Martelli ha fatto una figura terribile, ha chiamato Craxi e gli ha detto: "Ma dimmi un po'? Qua ce n'è un miliardo e sono tutti socialisti?". Craxi ha risposto: "Sì, perché?". Martelli: "Ma allora se son tutti socialisti, a chi rubano?"». Boom. Accadde di tutto.

E Baudo come reagì?
Molto contrariato, tanto che prese subito le distanze in diretta. A dargliene l'occasione, scherzo del destino, fu proprio Adriano Celentano, quello che l'anno successivo in Rai avrebbe preso il suo posto e travolto tutto e tutti. Telefonò in diretta, credo in buona fede, per fargli i complimenti: «La trasmissione è bellissima. Io l'ho seguita dall'inizio, e mi ha fatto ridere anche Beppe Grillo che ha detto tutte quelle cose lì». E Baudo: «Ha detto alcune cose che forse non doveva dire, dalle quali noi ci dissociamo completamente. Non volevamo offendere la suscettibilità di nessuno. Chiedo scusa». Celentano: «A chi, a me?». Baudo: «No, al pubblico».

E il giorno dopo?

Le barricate. Craxi, furioso, se la prese con tutti, Baudo compreso. Voleva assolutamente una testa da poter esibire. In Rai non si parlava d'altro. Il giorno dopo, infatti, fra mille polemiche, uscì un comunicato del presidente Enrico Manca, guarda caso socialista di ferro, che scopriva l'acqua calda: «In riferimento alla partecipazione di Beppe Grillo alla trasmissione *Fantastico 7* di sabato 15 novembre, l'azienda ha deciso di richiedere al direttore generale della Rai Biagio Agnes una relazione che contenga tutti gli elementi informativi utili al fine di sottoporre alla valutazione del cda la questione del confine esistente, in particolare nell'ambito del servizio pubblico, tra il diritto pieno e inalienabile alla più libera satira politica e di costume ed espressioni che suonino offesa generica e indiscriminata nei confronti di tutti quei cittadini che si riconoscono in una determinata idealità culturale e politica». In pratica, con questo linguaggio fumoso e ministeriale si affermava che la satira da noi non si poteva fare, anche se era chiarissimo il timore di passare per censori e si faceva finta di richiedere un semplice approfondimento aziendale. Per Grillo in Rai, anzi su Rai1, si metteva male.

Scattò una sorta di editto bulgaro ante litteram?

No. Di vera e propria epurazione non si può parlare visto che poi il comico genovese – nel 1988 e 1989 – partecipò come ospite al Festival di Sanremo e pochi mesi dopo l'exploit fu contattato da Angelo Guglielmi di Rai3 che gli voleva affidare un programma settimanale – dieci minuti il sabato sera – dove lui avrebbe potuto dire e fare qualsiasi cosa. Un progetto provocatorio che ricordava, nell'impianto scenografico, la stanza del discorso di fine anno dei presidenti della Repubblica con la scrivania grande, la bandiera tricolore e tutto il resto. Grillo rifiutò. Non voleva più mettere piede in uno studio della Rai (quello show poi lo fece su Tele+ per quattro anni, dal 1998 al 2001, ogni 31 dicembre, con il titolo di *Discorso all'umanità*, nda). Quindi la narrazione della lista nera e della porta chiusa, buona per lui e per tutti coloro che a lungo hanno voluto cavalcarla per attaccare Viale Mazzini, non sta in piedi. Da quel momento in poi fu Grillo a non voler lavorare con la Rai. Una storia molto diversa rispetto a quella dell'editto bulgaro di Berlusconi del 2002 contro Enzo Biagi, Michele Santoro e Daniele Luttazzi. Il premier era in visita ufficiale a Sofia e da lì, durante una conferenza stampa, parlò chiaramente: «Questi signori usano il mezzo televisivo in modo criminoso e in futuro certe situazioni non si dovranno più ripetere». Tempo tre mesi e nessuno di loro lavorava più in Rai.

In questi due episodi si vede la grande differenza fra vecchia e nuova Rai, quella prima e dopo Berlusconi?
Sì. Prima c'era un pluralismo che garantiva comunque spazio a tante voci, l'idea di servizio pubblico per tutti resisteva a ogni pressione perché si cercava sempre di mediare e di tutelare in un modo o nell'altro tutte le posizioni. Dopo, la logica dello spoils system dilagò e cambiò tutto, purtroppo in peggio. Cosa che mi sembra valga anche per la Rai di oggi, purtroppo.

Spiegati meglio.
La filosofia del pluralismo – asse portante della riforma della Rai del 1975 (i principi fondamentali del servizio pub-

blico furono fissati in indipendenza, obiettività e apertura alle diverse tendenze politiche, sociali e culturali. Garante ne era e ancora oggi è l'apposita Commissione parlamentare per l'indirizzo generale e la vigilanza dei servizi radiotelevisivi, nda) – assicurava una voce al mondo democristiano, cattolico-progressista, all'anima liberale e radical-socialista del Paese e alla militanza comunista. Erano esclusi i missini fino a quando Berlusconi nel 1993 non li sdoganò appoggiando Fini nella corsa a sindaco di Roma contro Rutelli. Lo spoils system e l'organizzazione per generi sono molto efficaci e funzionali nella spartizione del potere – le mosse della Rai meloniana, per esempio, lo confermano – ma non sembrano aver garantito la competenza che il pluralismo, in misura assolutamente maggiore, ha assicurato in passato. Pensiamo soltanto a quanto uno come Angelo Guglielmi ha consegnato al pubblico in generale e a chi, all'interno della Rai, non la pensava come lui. E poi ci sono i risultati.

Senza si rischia?
Sì, tanto. Chi adotta lo spoils system, come la governance di Viale Mazzini targata Meloni, deve fare attenzione agli ascolti complessivi dell'offerta. Perché se alla fine non risultasse maggioritaria nel sistema, la Rai potrebbe perdere la convenzione per il servizio pubblico, in quanto lo Stato non avrebbe più alcuna convenienza a dare questo incarico a una realtà televisiva incapace di portare a casa la maggioranza dei consensi. Inoltre, nell'impostazione pluralista il direttore di rete si sentiva più responsabile dell'identità culturale, mentre con lo spoils system la rete, non avendo più un direttore, è diventata un contenitore di pro-

dotti assegnati dalle direzioni di genere. Così facendo le varie identità culturali si annullano e ne rimane solo una, quella del più forte.

Andiamo avanti. Come se non bastasse, una settimana dopo Grillo, il 22 novembre 1986, Baudo pensò bene di ospitare a Fantastico 7 *il Trio Lopez-Marchesini-Solenghi, che scatenò un vero e proprio terremoto diplomatico con l'Iran. Come andarono le cose?*
In uno sketch, molto efficace e divertente, il Trio scherzò con l'Irangate, lo scandalo che aveva svelato un traffico illegale di armi statunitensi verso la Repubblica Islamica – all'epoca impegnata in una sanguinosa guerra con l'Iraq di Saddam Hussein, che durò dal 1980 al 1988 – gestita dal colonnello dell'esercito americano Oliver North. Nella scena l'ayatollah Khomeini (interpretato da Solenghi), nato a Barberino del Mugello, e sua madre Sora Khomeines (Marchesini), che parlava il dialetto di Orvieto, criticavano il presidente Reagan (Lopez) per le condizioni delle armi ricevute, con missili che dopo essere stati assemblati sembravano più o meno delle caffettiere. Non funzionavano. Scoppiò il finimondo. Che nessuno di noi, sono sincero, aveva immaginato. Le reazioni iraniane furono incredibilmente esagerate.

Cosa accadde?
Il giorno dopo il governo dell'Iran sospese tutti i collegamenti aerei dell'Iran Air verso l'Italia e chiuse l'Istituto italiano di cultura a Teheran espellendo tre nostri diplomatici. E, come se non bastasse, richiamò anche l'ambasciatore a Roma. Una situazione che degenerò fino a scatenare proteste e disordini nei pressi dell'ambasciata italiana a Tehe-

ran. Un incidente diplomatico che fu risolto dopo circa due mesi di trattative e l'impegno della Rai a non fare più ironie di questo tipo sull'Iran. L'azienda ritirò anche il video dello sketch, che oggi si trova soltanto online. In realtà, si venne a sapere dopo, fu anche il pretesto da parte iraniana per non pagare i debiti al nostro Paese. Inoltre, dal lunedì successivo alla messa in onda dello sketch, in teatro ci ritrovammo per giorni un uomo dei Servizi a controllare che non ci accadesse nulla di strano. Veniva, faceva domande a tutti, e poi stava lì a guardare per ore ogni cosa che facevamo. Eravamo incuriositi ma anche un po' preoccupati.

Con Lopez-Marchesini-Solenghi l'azienda come si comportò?
Bene. Non ci furono conseguenze. Lo sketch era sinceramente irresistibile e gli ascolti furono superiori ai dieci milioni. Il loro operato non poteva essere messo in discussione. Immersi totalmente nei personaggi che avevano creato, i tre furono bravissimi. Ricordo che per l'adesione totale alla situazione, truccati e mascherati, in scena sembravano dei bambini seriamente impegnati a giocare. Insomma, dei professionisti impeccabili. Uno spettacolo nello spettacolo.

Come ci rimasero?
Furono sorpresi, come tutti, ma non si scomposero più di tanto, anzi: rimasero tranquilli. Anche quando arrivarono delle minacce di morte di un gruppo islamico mai realmente identificato.

Per te ci furono contraccolpi?
No. In Rai era chiaro a tutti che la situazione si era tra-

sformata in crisi politica per altri motivi, soprattutto economici, e non solo per un'evidente, tragica mancanza di senso dell'umorismo dei politici iraniani. Il direttore generale Agnes non si scompose.

Il momento d'oro del Trio Lopez-Marchesini-Solenghi non era ancora finito: il 10 gennaio 1990 andò in onda su Rai1 la prima delle cinque puntate della parodia di un grande classico della letteratura italiana come I promessi sposi *di Alessandro Manzoni. Una produzione vista ogni settimana da una media di 14 milioni di telespettatori. Come nacque questo progetto?*

Tempo prima, sarà stato ottobre o novembre 1988, Anna Marchesini mi invitò per la prima volta a cena a casa sua, in via Alessandria a Roma, e in quell'occasione le proposi una piccola grande svolta. «Siete cresciuti e ormai all'altezza di sfide più importanti e strutturate,» le dissi «secondo me dovete fare una vera e propria opera comica». «A chi o a cosa stai pensando?» replicò Anna. Le risposi facendo il nome dei mitici Monty Python e del loro lavoro sul senso della vita e sulle assurdità dell'esistenza. A me piacevano tantissimo.

E lei come reagì?

Senza esitare osservò che il Trio con quel tipo di atmosfere non avrebbe portato a casa i risultati sperati: «Comunque grazie per il pensiero, ci rifletto, ne parliamo fra noi, e poi ti faccio sapere». Fu un incontro molto cordiale, per niente superficiale né formale, durante il quale volli assolutamente fare quel tipo di proposta per darle subito l'idea di qualcosa fuori dalla routine, a cui dare un particolare significato. Dopo due settimane Anna mi chiamò per dirmi che avevano trovato una buona idea e si erano già messi al lavoro. «Ero a una cena di lavoro con Tullio e Massimo,» mi raccontò «quando fui agganciata da una sconosciuta signora sui settant'anni che mi chiese con insistenza di fare la gag della "cecata". La feci e, quando capì dal mio sguardo che ero stanca e non avrei fatto altro, mi disse a sorpresa che avremmo dovuto lavorare a una nostra versione dei *Promessi Sposi*. "La farete benissimo", e se ne andò». Nacque così la straordinaria rilettura comica dell'opera del Manzoni, che ciascuno di noi aveva letto e studiato a scuola. Non c'era argomento più popolare di quello: la parodia di un classico della letteratura italiana, sul quale ciascuno di noi aveva sgobbato da ragazzo.

Fu dato il via a quest'altro progetto nello stesso periodo in cui la Rai stava producendo una nuova versione del romanzo manzoniano, diretta da Salvatore Nocita – ventidue anni dopo quella storica di Sandro Bolchi – con un cast straordinario composto da Burt Lancaster, Alberto Sordi, Frank Murray Abraham, Walter Chiari, Danny Quinn, Delphine Forest e altri?
Sì, e devo dire che fu un'idea geniale. In termini di libertà culturale e produttiva, fare una miniserie che di fatto divulgava una grande opera letteraria, e quasi contemporaneamente realizzava la sua parodia, fu una grande lezione di indipendenza e vitalità che l'azienda dava al pubblico e al mercato televisivo.

Mario, dilla tutta: fu una lezione voluta o casuale?
Casuale, figurati. La Rai un'operazione così complessa

non l'avrebbe mai potuta pianificare, però nel momento in cui la parodia prese forma si capì che l'idea era buona e prevalse il buon senso e l'idea di un servizio pubblico in grado di offrire al pubblico prodotti diversi ma sempre di alta qualità.

Fu facile far passare quel progetto?
No. Se ne parlò a lungo e a tutti i livelli. Vinse la linea della trasversalità dell'offerta. La Rai di oggi sarebbe capace di fare altrettanto? Mi rispondo da solo: non credo. Nonostante tutto, la spartizione politica e le ingerenze quotidiane, quella di allora era un'azienda molto forte che sapeva gestire la macchina, tenere conto della complessità del contesto sociale e fare scelte artistiche coraggiose. Quella di oggi va avanti con i format adattati e le produzioni affidate a società esterne.

A quanto tempo di distanza andarono in onda le due versioni dei Promessi sposi?
La prima partì nel novembre 1989, la seconda nel gennaio 1990.

*L'operazione Trio-*I Promessi sposi, *dopo la prima messa in onda trovò qualcuno che si mise di traverso?*
Certo. Quando c'è di mezzo la Rai c'è sempre qualcuno che si sente chiamato in causa e pensa di avere tutto il diritto di farsi sentire. In questo caso per l'ardire della proposta ci attaccò l'Ufficio Culturale della Democrazia Cristiana, che la ritenne sconveniente e fuori luogo, ma andò a sbattere contro 10 milioni di spettatori, un consenso di pubblico eccezionale. Per il Pci, invece, mi chiamò diretta-

mente Walter Veltroni, sempre abile, strategico e sul pezzo: «Idea bellissima. Bravi tutti». Un successo pieno per l'azienda perché fu interamente girato in un centro di produzione, quello di Torino, che in quegli anni non era stato molto gratificato, e invece quella volta diede il massimo facendo benissimo. Anche questo, purtroppo, credo che la Rai di oggi non saprebbe farlo perché ho l'impressione che sul mercato si muova con quello che trova, senza saper dare spazio alle iniziative, alla creatività e ai talenti interni.

Tutto quello che voi riusciste a garantire al Trio.
Esatto. E loro tre furono eccezionali, anche nella costruzione dei personaggi: Lopez vestì i panni di Don Abbondio, Fra Cristoforo, Don Rodrigo e lo stesso Manzoni. Marchesini interpretò Lucia, Agnese, la Perpetua, Donna Prassede e la famosa «Monaca di Ponza». Solenghi si trasformò in Renzo, l'Innominato, Egidio e Griso. Crearono anche personaggi minori di pura fantasia assegnati a volti noti come il padre di Lucia (Pippo Baudo), El Gringo (Giuliano Gemma), il presentatore di Miss Lecco (Daniele Piombi), la venditrice di unguenti per guarire dalla peste (Wanna Marchi), il giornalista del '600 (Piero Badaloni).

È un progetto a cui tieni tanto, o sbaglio?
Sì, è così. *I promessi sposi* del Trio è un grande lavoro parodistico che ho fortemente voluto. Ho stimolato i tre ragazzi, li ho incoraggiati e ho insistito perché passassero dagli sketch a un'opera comica vera e propria. La loro bravura doveva avere nuovi spazi per esprimersi in maniera compiuta. È la loro opera, sia chiaro, però ho fatto la mia parte e ne sono fiero. Poi, che nulla resti per quelli che hanno

fatto e fanno il mio lavoro, ci sta. Io sono quello che stava dietro le quinte e guidava – con l'aiuto in sede di Luciano Gigante – uomini e mezzi che servono per andare in onda. È così che vanno le cose in tv.

¶

Tullio Solenghi, classe 1948, attore di razza formatosi al Teatro Stabile di Genova, la sua città – dove conobbe e iniziò subito a lavorare con Massimo Lopez, ascolano, di quattro anni più giovane – ha una memoria di ferro. Che tiene allenatissima. Per fortuna.

> Tullio Solenghi: «Il lunedì successivo allo sketch sull'Irangate, di prima mattina ricevetti una telefonata di Massimo un po' allarmata: "Tullio, prima di farmi la barba mi sono messo a cercare una stazione radio per sentire un po' di musica. A un certo punto mi sono imbattuto nel notiziario per stranieri di Radio Vaticana, che a volte sento per esercitarmi con l'inglese, e dopo essermi fermato su chissà quale edizione, in una lingua strana ho sentito dire più o meno così: 'Albalal khalmalang dasarklon Lopez-Marchesini-Solenghi...'. Poi ho cambiato stazione e in un'altra lingua stranissima il giornalista tutto serio diceva: "Takatrù bambalà parapì Lopez-Marchesini-Solenghi...". Siamo andati molto bene l'altra sera, ma non posso credere che parlino di noi per quel motivo. Che sta succedendo?". Dopo qualche ora capimmo meglio grazie all'indimenticabile Paolo Frajese, che al Tg1 stava dando la notizia: dopo

il nostro sketch al *Fantastico* 7 di Pippo Baudo, ritenuto offensivo, l'Iran aveva richiamato in patria l'ambasciatore a Roma, aveva chiuso l'Istituto di cultura a Teheran, aveva espulso tre nostri funzionari e aveva sospeso i collegamenti aerei fra i due Paesi... Insomma, era in corso una crisi diplomatica. Come reagì la Rai? Bene. Tutti sapevano quello che avremmo fatto, compreso Baudo. E Maffucci fu nostro complice. Lui è sempre stato un nostro compagno d'avventura. Un dirigente che amava il prodotto e chi lo faceva, e tutte le sue mosse da dirigente erano sempre al servizio degli artisti e del progetto.

«Le autorità, comunque, ci dissero di stare tranquilli e di farsi vedere il meno possibile in giro, almeno per il momento, visto che erano arrivate delle minacce di morte contro di noi e stavano cercando di capire quanto fossero attendibili e pericolose. In questo clima, dopo una settimana, ricordo di essermela fatta letteralmente sotto dalla paura. Stavo per rientrare nel residence in cui a Roma vivevo con mia moglie e le nostre due figlie piccole quando davanti al portone vidi un arabo fissarmi, la sua faccia era cupa e molto seria, poco rassicurante. Andai verso l'ascensore e quello mi venne dietro. Entrai, premetti il pulsante, e lui selezionò un piano sopra il mio. Dopo qualche secondo di sguardi in cagnesco mi chiese un po' agitato ma con tono perentorio e quasi minaccioso: "Tu sei quello della televisione, tu hai fatto Khomeini?". Mi vennero i brividi ma gli dissi automaticamente la verità: "Sì, sono io...". "Davvero sei tu? Bravo! Tu mi hai fatto ridere!!! Viva gli iracheni!!!". Era un diplomatico dell'Iraq, Paese che in quegli anni era in guerra con l'Iran, e soggiornava lì come me e i miei familiari. Mi abbracciò ridendo con gioia. Io mi salvai dallo svenimento per miracolo. Ma non è tutto. Mesi dopo, sempre a Roma, ci invitarono alla Taverna dell'Orso per la consegna di un premio. A un certo punto, prima di sedermi, mi avvicinò Romano Prodi, all'epoca presidente dell'Iri, l'Istituto per la ricostruzione industriale, e con la sua voce simpatica e sorniona mi disse in un orecchio: "Signori miei, il vostro sketch su Khomeini è stato il più costoso della storia della tv". Poi ci sedemmo e ci spiegò meglio: "L'Iran con la scusa delle battute, secondo loro offensive, ritardò buona parte dei pagamenti che doveva versare al nostro Paese, e alcuni di questi provò a contestarli per non pagarli più. Qualcuno ancora stiamo aspettando di incassarlo". Insomma, robaccia che non faceva ridere».

Seconda parte

Perché Sanremo è Sanremo

Io e Pippo

Quando incontrasti la prima volta Pippo Baudo?
Nell'ottobre del 1977, quando avevo la responsabilità di *Apriti sabato*, un magazine settimanale – di cui ero anche autore – che cercava di sorprendere il telespettatore spettacolarizzando la quotidianità. La scena me la ricordo bene perché sembra quella di un film. Io e Marco Zavattini, grande amico e autore eccezionale (figlio di Cesare, regista e sceneggiatore, uno dei padri del neorealismo, nda) eravamo appena entrati in un ascensore della Rai di Viale Mazzini, e io avevo spinto il pulsante con il piano che ci interessava. Prima che si chiudessero le porte entrarono all'improvviso Alida Chelli e Pippo Baudo. Ci guardammo negli occhi. I due stavano insieme, formavano una coppia, e la prima cosa che notai è che Alida, attrice di talento, era bellissima. Io e Marco li salutammo, Pippo fece solo un cenno con la testa, poi premette il pulsante che gli interessava. Alida invece, guardandolo negli occhi, partì con un piccolo e sorprendente spettacolino un po' sopra le righe: «Questi due lavorano insieme e

fanno una tv che mi piace tanto», e poi, girandosi, verso di noi urlò: «Bravi!».

E voi?
Insieme ringraziammo imbarazzatissimi, facendo su e giù con la testa, più o meno come un inchino. Alida però non si fermò, alzando sempre di più il tono della voce: «La loro è una bella tv: fresca, originale, intelligente...». Io e Marco, immobili e sempre più a disagio, non sapevamo cosa fare né dire, Baudo non disse una parola, quindi non si associava ai complimenti. E così da Alida arrivò l'affondo finale: «Non come quella che fai tu».

E Pippo come reagì?
Muto. Immobile. Una sfinge. Ci salvò l'ascensore che arrivò al piano con le porte che si aprirono velocemente. Ci salutammo con freddezza polare.

E poi?
Nel 1980, tre anni dopo, ritrovai Baudo dopo il mio passaggio dai programmi del pomeriggio di Rai1 a quelli serali, cioè quando Emmanuele Milano mi trasferì al settore spettacolo della struttura di Giovanni Salvi. Il direttore di rete mi affidò Baudo per la produzione di spettacoli che Salvi (i rapporti fra i due non erano tra i migliori) non apprezzava, perché quello che faceva Pippo rientrava nella categoria del cosiddetto «intrattenimento in diretta», non in quella dei prodotti «studiati e rifiniti», cioè quelli che faceva Antonello Falqui. Non a caso i documenti che io preparavo per la gestione delle produzioni li firmava direttamente Milano.

Apro una parentesi, visto che l'hai citato: per via di Antonello Falqui tanti anni dopo, nel 1998, ti ritrovasti al centro di una durissima polemica con Aldo Grasso, ancora oggi autorevole critico televisivo del «Corriere della Sera». Falqui si lamentò perché non lavorava più in Rai, tu replicasti con una lettera molto dura pubblicata dal settimanale «L'Espresso», e Grasso intervenne attaccandoti pesantemente. Come andarono veramente i fatti? E soprattutto cosa ci insegna oggi quella vicenda?
Che bisogna fare i conti con la realtà e non bisogna mai perdere di vista la missione aziendale del servizio pubblico: fare proposte di qualità, popolari, nel rispetto di chi guarda a casa, dei conti economici e dei tempi di lavorazione. Falqui, forse il protagonista principale dei grandi successi televisivi dell'epoca precedente – quella dal 1958 al 1983 – con programmi meravigliosi come *Canzonissima*, *Teatro 10*, *Studio Uno*, *Dove sta Zazà*, *Mille luci*, *Fatti e fattacci* e *Al Paradise*, quando io nel 1987 diventai capostruttura al posto del mitico Giovanni Salvi, uno che aveva tutto il mondo dello spettacolo ai suoi piedi perché non aveva la concorrenza che trovai io con la Fininvest di Berlusconi, già non lavorava da tempo con noi. Rai2 e Rai3 non lo scritturavano e lo stesso faceva Brando Giordani, che per Rai1 aveva il compito di realizzare proposte meno tradizionali, anche sperimentali, ma sempre per un target ampio e trasversale.

E perché?
Per lo stesso motivo che avevo messo a fuoco anch'io: non era il regista giusto perché in quel momento i contenuti di uno show si costruivano attorno a un unico artista, come

Baudo, capace di fare e condurre un intero show. I giorni di lavoro in studio per la preparazione erano diventati cinque: dal lunedì al venerdì, per poi andare in onda in diretta il sabato sera. Avevo visto Falqui lavorare per venti giorni di fila su una puntata e soprattutto avevo visto i suoi cast con attori importanti e artisti che venivano da tutto il mondo (una volta invitò tutto il corpo di ballo delle Blue Bell del Lido di Parigi). La sua filosofia era questa: «Odio tutto ciò che è casuale, fuori dall'orbita del pensiero. Accanto all'esigenza di accontentare il pubblico nei suoi desideri, ci deve essere anche una volontà di stimolo al buon gusto, e a un minimo di senso critico».

Non male come filosofia.
Posso anche condividerla, sia chiaro, i risultati di Falqui spesso furono esaltanti, ma in tv era cambiato tutto. La tv commerciale aveva mutato per sempre il panorama, le regole, i protagonisti. Non capirlo voleva dire condannarsi a scomparire. Falqui però, legittimamente, non lo accettava e protestò con un intervento pubblicato sull'«Espresso» (il n° 30 del 20 agosto 1998, nda), intitolato «Povera Rai, tutta quizzettini e piagnistei».

E tu?
Non ero d'accordo, ovviamente: mi sembrava che non tenesse conto della trasformazione radicale in atto da anni e di una filosofia industriale che metteva al primo posto il rispetto del budget, regola che non avrebbe più permesso di soddisfare qualsiasi richiesta del regista, soprattutto quelle non previste e più costose. Il suo ruolo non sarebbe stato più quello del regista demiurgo a cui era affidato il

raggiungimento del successo, ma quello del responsabile della confezione di un prodotto. E basta. La «mission» era cambiata. Lo spettacolo non si costruiva più su una sceneggiatura – e Salvi per Falqui sapeva scegliere alla perfezione i talenti giusti – ma su un unico personaggio che riusciva a essere anima e motore del divertimento.

Cosa era successo?
Negli anni Ottanta, per cercare di scalzare la Rai dal cuore del sistema televisivo, Berlusconi (che sembrava avere disponibilità finanziarie illimitate) aveva triplicato il valore dei personaggi televisivi – pagandoli uno sproposito – mettendoli di fatto al centro di tutto. Così valorizzati, bisognava sfruttarli e quindi costruire ogni cosa intorno a loro. Alle critiche di Falqui sulle colonne dell'«Espresso» risposi con un esempio, prendendo spunto dalla paleontologia. Nell'era mesozoica, più o meno tra 250 e 65 milioni di anni fa, il cambiamento geologico mise in crisi il mondo del dinosauro: da re del pianeta si ritrovò superato da un animaletto come il topo che aveva una costituzione fisica compatibile con la nuova condizione climatica. Il primo si estinse, il secondo no. L'esempio era un po' forte, lo ammetto, ma chiaro e diretto: si indicava Antonello come l'animale dominante, scalzato dal personaggio tv che, come il topo, era dotato di una struttura artistica compatibile con il nuovo contesto e la mutata situazione industriale. Aldo Grasso la prese malissimo.

Che cosa fece?
Scrisse anche lui all'«Espresso» e giudicò la mia lettera irrispettosa. Sostenne Falqui, com'era ovvio, e nello sferza-

re la Rai mi attaccò personalmente – avendo io sostituito nel ruolo di capostruttura proprio Giovanni Salvi, il maggiore alleato di Falqui – addebitandomi la responsabilità di non avergli proposto progetti all'altezza della sua storia professionale.

Finì lì o ci fu un seguito?
Mollai il colpo. Non avevo alcuna voglia di fare una guerra di parole a puntate. Di sicuro rimasi perplesso quando, a prescindere dalle valutazioni che fece su di me, mi ritrovai due professionisti di prim'ordine come Michele Guardì e Pierfrancesco Pingitore descritti come incompetenti. E non lessi una sola parola sullo scenario televisivo, e sociale, completamente trasformato e sulle differenze fra la Rai del grande Ettore Bernabei, che doveva contribuire al consenso sociale del pubblico – senza curarsi delle spese – e quella del momento, che doveva fare i conti con il mercato e con le spese controllate dal direttore generale.

LA LETTERA DI MARIO MAFFUCCI ALL'«ESPRESSO» (N°31 DEL 27 AGOSTO 1998)

Solo un paio di indicazioni destinate ai lettori. Antonello Falqui arriva già fuori gioco al termine della televisione artigianale, quella splendida di Ettore Bernabei, quando per produrre una puntata di uno spettacolo, un regista importante come lui aveva a disposizione uno studio televisivo per 20-30 giorni. Oggi che siamo alla fine della televisione industriale, se ne hanno a disposizione tre o al massimo cinque; ma soprattutto il direttore generale Pierluigi Celli chiede e controlla i conti industriali che a quell'epoca erano tenuti da uffici riservati. Nell'ultimo periodo di Giovanni Salvi, il mitico dirigente che in condizioni di monopolio ha inventato tutto lo spettacolo televisivo, già Falqui non lavora più: l'ultimo *Al Paradise* naufraga come il *Titanic*. Quando vengo nominato da Biagio Agnes, nel 1987, il mio ufficio è soltanto uno dei dieci punti di produzione dello spettacolo nel sistema televisivo. Ma nessuno ingaggia Falqui. Che non si è accorto che l'universo televisivo italiano stava cambiando. Successe anche ai dinosauri: dominavano tutte le nicchie del pianeta, nuotavano senza essere pesci, volavano senza essere uccelli. Un giorno cambiarono le condizioni ecologiche della Terra, e loro scomparvero. Furono fottuti da un orribile topolino, piccolissimo ma più sofisticato della loro grandiosa macchina spettacolo.

Mario Maffucci

LA LETTERA DI ALDO GRASSO ALL'ESPRESSO (N°32, 3 SETTEMBRE 1998)

Speriamo che i vertici della Rai abbiano provveduto a inviare un mazzo di fiori ad Antonello Falqui con un biglietto di scuse: il funzionario Mario Maffucci che si occupa di spettacolo, tirato in ballo dal regista, ha scritto una velenosa lettera all'«Espresso» offendendo in maniera grave ed irrispettosa uno dei personaggi più importanti della storia della tv italiana (le regie di *Musichiere*, *Canzonissima*, *Giardino d'Inverno*, *Studio Uno*, *Biblioteca di Studio Uno*, *Mille Luci*, *Al Paradise*, solo per citare alcune pietre miliari del varietà televisivo) da tempo non lavora più per la Rai. Si dice che i suoi spettacoli costino troppo e richiedano troppi giorni di preparazione. Può darsi ciò sia vero, ma è altrettanto vero che senza quei costi e senza quei giorni di preparazione, il varietà televisivo è precipitato nell'abisso, è finito nelle mani dei Maffucci, dei Guardì e dei Pingitore. Ora Maffucci è libero di incolpare Falqui di essere un dinosauro incapace di adattarsi al nuovo sistema televisivo (lui invece deve essere capacissimo di adattarsi), ma stupisce che intervenga sulla delicata questione economica. Sarebbe infatti interessante analizzare anche il varietà moderno alla luce del rapporto qualità/prezzo e degli investimenti degli sponsor. E comunque una cosa è certa: Antonello Falqui ha contribuito a fare grande la Rai e la tv italiana. I programmi di varietà sono nell'epoca di un Mario Maffucci sotto gli occhi di tutti. Un mazzo di fiori e al più presto.

Aldo Grasso

Rose, garofani o ortensie? Glieli mandasti quei fiori?
Come se l'avessi fatto. Pochi giorni dopo la polemica, inviai all'indirizzo privato di Falqui una lettera con la quale gli confermavo tutta la mia stima e gli esprimevo il mio sincero rammarico per le strumentalizzazioni di certi osservatori che ci avevano messi l'uno contro l'altro, ovviamente ribadendo la mia inamovibile posizione: la tv e il mercato erano cambiati e tutti noi eravamo chiamati a adeguarci. In caso contrario saremmo scomparsi dalla circolazione. Chiusi scrivendo davvero che gli inviavo idealmente un mazzo di fiori per tutto quello che aveva fatto in tv e che in futuro avrei evitato qualsiasi altra polemica in pubblico. Queste le ultime righe: «Sono disponibile a discutere volentieri con lei, in ogni sede, della differenza di opinioni che ci hanno diviso. Cordialmente».

Cosa ti rispose?
Niente. Non mi ha mai risposto.

Torniamo a Baudo: che rapporto hai avuto con lui?
Direi funzionale, cordiale, però mai caratterizzato da grande familiarità – credo anche per quella battuta in ascensore di Alida Chelli – cosa che invece ho sempre avuto con Celentano e Arbore, tanto per fare un esempio. Pippo tendeva a comportarsi non come una delle grandi stelle della Rai, ma come se la Rai fosse lui stesso. Non gradiva, per esempio, il fatto di dover concordare con l'azienda quello che gli passava per la testa. Questo suo modo di fare era così chiaro che i vari comici, per prenderlo in giro, gli attribuivano il potere o almeno l'intenzione di guidare chiunque e ogni cosa e fare e disfare un programma, il cast, tutto.

Fammi un esempio.
Durante la Festa del 2 giugno 1985 ai Giardini del Quirinale, Biagio Agnes in persona constatò che Pippo assegnava a suo piacimento inviti e partecipazioni a *Domenica In*. Insomma, faceva il padrone. Cosa che non passò inosservata. Il giorno dopo lo stesso Agnes mi rimproverò in ufficio dicendomi che l'azienda – per i programmi di cui ero responsabile – la rappresentavo io, non Baudo. E che lui non poteva comportarsi in quel modo. Con Pippo nel corso degli anni ci furono scontri anche molto aspri visto che non rispettava quasi mai gli orari, sforando sistematicamente, costringendo chi veniva dopo di lui ad aspettare a lungo la linea, anche quindici-venti minuti. E quando glielo facevo notare si infastidiva pure.

Insomma, se lo conosci lo eviti?
Pippo è così, un professionista fenomenale con un ego infinito. Io preferivo fare bene la mia parte per il bene dell'a-

zienda e mantenere un profilo basso. A lui però, è giusto che lo dica, devo tanto per la mia prima formazione sullo spettacolo televisivo tradizionale, quello con la successione dei generi. Lui è sempre stato unico nel capire in tempi rapidissimi quanto un personaggio, o una qualsiasi situazione, anche imprevista, potesse attrarre l'attenzione del pubblico. Un vero maestro nell'impostazione del ritmo e il primo a sfruttare al massimo la diretta: prima di allora lo spettacolo veniva registrato e poi curato in post produzione. È lui che impone un cambiamento radicale: passare dallo spettacolo scritto e perfettamente curato allo show che magari ha qualche imperfezione tecnica ma è sempre fresco, veloce e d'indubbio coinvolgimento popolare. E poi aveva carisma, che alla gente a casa fa sempre effetto. Il suo mantra era: «Quando si accende la luce rossa nella telecamera, quello è il momento più intenso della mia vita». Con lui per un certo periodo siamo stati gli unici in Europa a produrre così tanti show in diretta e a farlo con quegli ascolti.

Che cosa vuoi dire? E gli altri?
Almeno in Europa, in quegli anni nessuno produceva bene come noi. Per questo Baudo è nella storia della Rai, quindi della tv: sapeva interagire con il pubblico, trasformava la complessità in semplicità, e quasi sempre portava a casa grandi risultati. Sul carattere, meglio passarci sopra. Pippo, che voleva tutto, si offendeva quando quello che faceva veniva considerato superficiale dai critici. Era colto, conosceva la musica – non solo quella leggera – padroneggiava politica, letteratura e sport, e quando non sapeva – grazie alla collaborazione di autori selezionatissimi – recuperava molto bene. Insomma, una macchina da guerra.

È vero che lui con gli imprevisti della diretta diventava una specie di funambolo?
Sì. Non esiste personaggio televisivo più abile di lui nel risolvere gli inconvenienti e le difficoltà non previste dalla scaletta. Ricordo quello che fece a Montecatini Terme prima del debutto di un nuovo programma, *Serata d'onore*, con Marco Pannella.

Il leader radicale?
Sì. Era il 14 maggio 1983 e a meno di un'ora dalla diretta venimmo a sapere che sarebbe venuto a protestare in teatro da noi perché, per la prima volta, la Rai aveva abbinato con finalità di solidarietà sociale – sperimentazione pensata da Carlo Livi, all'epoca vicedirettore generale con delega al marketing – uno show a una coppia di sponsor: i grandi magazzini Upim e il whisky Glen Grant.

In gergo si chiama marchetta pubblicitaria.
Sì, quella. Cosa che oggi con un superalcolico di mezzo sarebbe impossibile anche solo pensare. Pippo comunque, dopo aver ragionato un po' sul da farsi, a mezz'ora dall'inizio mi chiamò per dirmi che forse aveva trovato una soluzione: convocò il capo della diffusione audio e gli disse di sonorizzare soltanto la prima metà del teatro. Con riguardo piazzammo Pannella, all'oscuro della nostra strategia, al centro della platea. Lui non intuì che le telecamere avrebbero ripreso lo spettacolo e il pubblico fino a un metro da lui, senza l'audio sulla seconda metà della sala. Durante la serata Pannella si alzò e urlando iniziò a protestare, ma nessuno lo vide. Fu sconfitto nel suo obiettivo di marcare la prima iniziativa di commercializzazione della Rai. Grazie a Pippo.

Nel 1984, invece, cosa accadde a Sanremo quando all'Ariston arrivò il corteo dei lavoratori in sciopero dell'Italsider di Genova?
Il 2 febbraio, prima serata della 34esima edizione del Festival, fu un momento storico: le problematiche, anche drammatiche, della realtà di tutti i giorni finalmente incrociarono il mondo dello spettacolo e si presero la scena.

Prima, però, dimmi chi vinse.
Quell'anno *Ci sarà* di Albano e Romina, seguita da *Serenata* di Toto Cutugno, e *Cara* di Christian (lo stesso cantante citato nello sketch del Trio su San Remo che fece inorridire «L'Osservatore Romano», nda); ma diventeranno popolarissime *Terra promessa* di Eros Ramazzotti, *Non voglio mica la luna di Fiordaliso* e *Come si cambia* di Fiorella Mannoia.

Quando arrivarono gli operai in sciopero?
Martedì, il primo giorno, più o meno alle 20, in treno e con due pullman presi a noleggio 2500 lavoratori arrivarono a Sanremo da Genova. Si diedero appuntamento con tamburi e megafoni davanti al Teatro Ariston, dove era già schierato un reparto celere di quaranta poliziotti a difesa delle vetrate. Di sicuro quelle persone, che rischiavano di finire per strada, volevano farsi sentire.

E ci riuscirono.
Fecero un casino da pazzi. C'era una fortissima tensione. Dopo la sigla dell'Eurovisione, che da scaletta partiva alle 20.30 (Baudo era in scena dalle 20.25), iniziò la serata e al termine delle esibizioni di Riccardo Del Turco, Patty Pravo, Drupi e Gruppo Italiano, i lavoratori arrivarono minacciosi

davanti all'Ariston blindato. Volevano entrare. Il commissario della polizia di Sanremo, Gennaro Simeoni, preoccupato, si avvicinò e mi fece: «Dottore, adesso che facciamo?».

La tua risposta?
Le avevo pensate tutte. La direzione generale non si era fatta viva, né io avevo avuto il tempo di cercarla – all'epoca non c'erano i telefonini – quindi decisi di seguire il buonsenso: «Commissario, il corteo resta fuori, faccia entrare il consiglio di fabbrica». Varcarono la soglia in sei – ricordo i nomi di due di loro, Mauro Passalacqua e Massimo Maggi – ci sedemmo, e il portavoce, Franco Sartori della Cgil, mi chiese subito di dare comunicazione delle loro rivendicazioni. «Avete un testo scritto?» replicai. Quello mi rispose di sì. E poi aggiunse: «Vogliamo parlare dal palco». Io prima mi misi a leggere con attenzione il loro documento, poi dissi subito che si poteva fare, decidendo in autonomia, anche perché se avessi affermato il contrario avrei dovuto far interrompere la gara per mettere in sicurezza pubblico in sala, artisti e tecnici: i tempi aziendali di verifica sarebbero stati incompatibili con l'urgenza dei fatti. Il commissario tirò un sospiro di sollievo. A quel punto, approfittando di un break pubblicitario, si materializzò Pippo, che prima dell'inizio della serata aveva visto tutto dal balconcino delle interviste del Tg1, cosa che mi fu confermata dal comandante dei celerini, Leonardo Massabò, e dal proprietario del teatro, Walter Vacchino. Gli spiegai la situazione che alle 20.10-20.15, scendendo per qualche istante davanti all'ingresso dell'Ariston, aveva in qualche modo già messo a fuoco: «Hanno chiesto di parlare dal palcoscenico e io ho detto loro di sì».

E lui, come reagì?
Alla Pippo. Si mostrò subito comprensivo e disponibile, capì al volo che la mia decisione di portarli in scena sarebbe stato un grande «colpo di teatro». Una situazione così in tv non si era mai vista prima, non era mai successo che la realtà del Paese incontrasse i lustrini dello spettacolo.

Un po' come la realtà drammatica della guerra che nel 2023 approdò all'Ariston con il messaggio del leader ucraino Zelensky letto da Amadeus.
Sì. Quel caso però è diverso, almeno per me: non si può spettacolizzare una guerra sanguinaria e il Festival deve rimanere uno show e non diventare un contenitore di tutto. Comunque nel 1987 sempre Baudo rilanciò seguendo questa linea annunciando in diretta la morte di Claudio Villa, una colonna di Sanremo. Sembra una sciocchezza, ma un annuncio del genere non era mai stato fatto prima ed ebbe un successo travolgente. Detto questo, nel 1984 i lavoratori vennero subito portati sul palco e quando ripartì la diretta erano già tutti schierati in fila, pronti a parlare. Pippo gestì la situazione in maniera straordinaria: si schierò dalla loro parte e solidarizzò con la loro protesta. Il teatro se ne venne giù dagli applausi. Pochi al suo posto ce l'avrebbero fatta, forse nessuno.

Spiegati meglio.
Sono certo che Mike Buongiorno, Enzo Tortora e Corrado non avrebbero avuto la prontezza che ebbe Baudo. Loro erano troppo abituati a lavorare ai loro programmi registrati standosene tranquillamente blindati negli studi televisivi.

Ci furono conseguenze?
Rispetto alla liturgia aziendale l'episodio fu clamoroso: in seguito altre proteste sindacali vennero accolte nei servizi del Tg1, grazie a Vincenzo Mollica, però mai più finirono sul palcoscenico. Io come dirigente responsabile del Festival, visti i tempi strettissimi, non pensai di chiamare il mio capostruttura Giovanni Salvi, che poi avrebbe dovuto consultare il direttore di Rete, Emmanuele Milano, il quale avrebbe posto la questione al vicedirettore generale Emilio Rossi, che avrebbe sicuramente sentito il direttore generale Biagio Agnes per la decisione finale... In quei momenti rappresentavo la Rai e cercai di fare il mio meglio per la Rai. Da solo.

Il giorno dopo da Roma nessuno si fece vivo con te?
Alle 8 del mattino mi telefonò Emilio Rossi: «Maffucci, al Festival lei è il dirigente più alto in grado dell'azienda, si rende conto di quanti passaggi nella catena di comando ha saltato?». Gli risposi senza esitare: «Direttore, sono sicuro che lei si è reso conto della situazione nella quale mi sono trovato a operare ieri sera».

E lui?
«Sì, certo. Ho capito tutto.» Il tono della sua telefonata era bonario, anche perché Rossi aveva letto i giornali e i commenti erano tutti positivi. E il merito naturalmente era di Pippo. Lo sottolineo perché quell'emergenza, invece, fuori fu gestita tutta da me.

Sanremo story

Quante edizioni del Festival di Sanremo hai seguito?
Ho avuto la responsabilità del Festival per diciotto anni, dal 1982 al 2001, gli ultimi cinque anche come direttore artistico (nel 2001 da consulente esterno, visto che nel 2000 era andato via dall'azienda con un incentivo all'esodo, nda). A Sanremo arrivai per caso, nel 1982, quando ero alle prese con la seconda stagione di *Droga: che fare*, lo storico e apprezzato programma che realizzai con Piero Badaloni – andando io stesso in video con lui –, in assoluto il primo della tv italiana a occuparsi di tossicodipendenza (nel 1983 Badaloni e Maffucci pubblicarono per l'Eri anche l'omonimo libro con la prefazione dell'allora presidente della Repubblica, Sandro Pertini, nda). Il mio capostruttura Giovanni Salvi mi chiese di coordinare la manifestazione da un punto di vista televisivo, dicendomi che aveva l'ok del direttore di rete, Emmanuele Milano, che assieme al direttore del Tg1 gestiva editorialmente *Droga: che fare*. Fu un'esperienza traumatica ma molto formativa.

Perché, cosa accadde?
A Sanremo trovai la squadra esterna di riprese proveniente dal centro di produzione di Roma, una collega funzionaria molto diligente ma ininfluente sul piano dei rapporti in campo, Anna Ferretti, e il regista che da quindici anni si occupava delle riprese del Festival, Antonio Moretti. La rassegna anche quell'anno era stata affidata dal Comune al patron Gianni Ravera, storico impresario molto abile e spregiudicato, subentrato nel 1980 a Vittorio Salvetti – quello del mitico *Festivalbar* – che se n'era occupato dal 1976. Salvi si raccomandò: «Mario, rappresenta l'azienda e non permettere a quelli del settimanale "Sorrisi e Canzoni Tv" (giornale che era appena stato acquistato dalla Silvio Berlusconi Editore, società poi confluita nella Arnoldo Mondadori Editore nel 1994, nda) di fare collegamenti con il Festival da New York, cosa che sbilancerebbe la Rai verso interessi editoriali a lei estranei». Inutile dire che queste parole mi insospettirono non poco, forse perché mi sembrava che Salvi non volesse sporcarsi le mani.

Cosa c'era sotto?
Un bel giochetto. A condurre quell'edizione era stato chiamato Claudio Cecchetto – era la sua terza presenza a Sanremo – con l'esordiente Patrizia Rossetti al suo fianco, che poco dopo si affermerà nei programmi della Fininvest. La prima cosa che feci fu comunicare a Rosanna Mani, la potentissima executive del direttore di «Sorrisi e Canzoni Tv», Gigi Vesigna, l'assenza dell'autorizzazione Rai per il collegamento che le interessava. Non ci conoscevamo, lei rimase perplessa, sembrava non capire, così le feci subito altre domande alle quali mi rispose in maniera elusiva.

Allora le chiesi un incontro per assicurarmi della situazione, e lei mi disse che non aveva tempo perché, come consuetudine del settimanale, doveva gestire la redazione che da Milano si era trasferita all'Hotel Royal, il cinque stelle più frequentato di Sanremo, per confezionare praticamente in diretta il giornale con i risultati del Festival. Insomma, non voleva vedermi.

Perché era già stato stabilito tutto?
Ovviamente. Non mi ero reso conto che i giochi tra Ravera e il settimanale, il regista Antonio Moretti, e anche la mia funzionaria – nel suo caso in buona fede, spero – erano già stati fatti da tempo. La scaletta era esecutiva, gli appuntamenti via satellite già prenotati. Così dopo le ventitré iniziò il collegamento in diretta con New York, da dove partirono due interventi registrati di Bee Gees e Kiss, che alle rispettive case discografiche sicuramente facevano gola. Il giorno dopo i cronisti scrissero che l'impegno della Rai nei confronti del Festival era stato qualitativamente molto buono rispetto al solito. Io invece avevo clamorosamente fallito nell'incarico. Non conoscevo l'intero meccanismo festivaliero ed ero intervenuto su Rosanna Mani, mentre avrei dovuto bloccare il regista, anche se tutto il resto era già stato formalizzato. Ero stato mandato allo sbaraglio. Il giorno dopo ebbi un confronto durissimo con la stessa Mani, alla quale contestai la correttezza della sua collaborazione.

E con lei finì lì?
No. In seguito il rapporto professionale con Rosanna Mani sarebbe cresciuto in maniera diversa: chiaro, leale e im-

portante. Quella sera, però, attaccai il telefono mettendola veramente alle strette: con la Rai non le era mai successo. Per me fu una lezione dura ma utile. A mie spese capii come girava la giostra a Sanremo.

Come?
In primis il rapporto del Comune con il patron, l'organizzatore esterno alla Rai, conferiva a quest'ultimo una posizione molto importante sul mercato e la Rai di fatto, senza alcun motivo né interesse, si metteva completamente al suo servizio. Nel caso di Ravera, straordinario scopritore di talenti, era – come al solito – la politica a sostenerlo, ma per la Rai era comunque tutto troppo squilibrato: il rapporto con la stampa e le radio era nelle mani del patron, l'organizzazione generale del Teatro Ariston in quelle del proprietario Walter Vacchino, che si faceva aiutare dagli uomini di Ravera, e l'industria discografica dipendeva dalle scelte dell'organizzatore. Bene, anzi male: la Rai non manovrava direttamente alcuna leva.

Ma perché?
Appunto. Me lo chiesi anch'io. Era tutto sballato. Perché l'azienda aveva accettato un ruolo di subalternità nei confronti dei soggetti protagonisti dell'evento quando era proprio la Rai, in quanto titolare della trasmissione, a dare loro un enorme valore sul mercato? Al capostruttura di Rai1, Giovanni Salvi, che metteva a disposizione la squadra per le riprese, il patron concedeva la scelta del conduttore, della valletta e, di volta in volta, di qualche canzone in concorso. Fine. Niente di più.

E la tua risposta quale fu?
La Rai non aveva compreso, o non aveva voluto farlo, la potenzialità di un evento che, nato sul territorio nel dopoguerra, aveva conquistato tutto il Paese. Grazie al Festival, una volta all'anno, gli italiani si ritrovavano a sognare e divertirsi ascoltando la melodia delle canzoni dei loro beniamini. Una magia che, con il passare del tempo, e grazie a scelte oculate, oggi è diventata una grande festa e un'incredibile macchina per fare business e per promuovere gli artisti coinvolti (in quei giorni ogni cantante fa almeno 10-15 apparizioni nei programmi della Rai), il cui valore declinato nelle apparizioni delle cinque serate – dicono gli esperti – varrebbe più o meno 60 milioni di euro, calcolando 42 milioni di raccolta della pubblicità Rai e 18 milioni di indotto sul territorio ligure. I dati li cito direttamente dal rapporto *Economia dello Spettacolo e dell'Intrattenimento* di Banca Ifis, 2023.

Come cambiasti il Festival?
Se non avessi fatto quell'esperienza nel 1982, e vissuto di persona il paradosso di una situazione senza senso, l'idea del progetto di costruire a Sanremo per due mesi un centro di produzione vero e proprio non mi sarebbe mai venuta. Tutto è stato possibile valutando ogni aspetto, a partire dalle difficoltà riscontrate nella gestione. La Rai di allora lo considerava un evento «pericoloso» perché da sempre fonte di polemiche, anche per le scelte a volte molto discutibili fatte dai vari patron, e lo considerava esterno all'azienda, come del resto era nato. E per questo non lo gestivano direttamente. Ma così non poteva più essere. Ricordo che, al ritorno dal mio primo Sanremo, mi chiamò Villy De

Luca, il direttore generale dell'epoca, che aveva l'abitudine di confrontarsi sempre con i dirigenti operativi rientrati da missioni particolari. Si trovò pienamente d'accordo con il mio punto di vista: la Rai non svolgeva il suo ruolo. E mi promise che se ne sarebbe interessato, ma purtroppo dopo cinque mesi morì, stroncato da un infarto. L'episodio aggiunse un motivo in più a quelli che avevo individuato per conto mio: sarei andato avanti anche per lui.

Quali furono le mosse per variare l'impostazione del Festival?
Un progetto così, in un'azienda complessa come la Rai, richiedeva tempo e soprattutto non poteva essere realizzato senza alleati. In Rai ne parlai con Lorenzo Vecchione, collega responsabile della Gestione delle attività: simpatico nel tratto, competente nella materia, mi coprì le spalle da proposte impostate con superficialità. Su Sanremo ci trovammo d'accordo nell'analisi della realtà dei fatti, individuando nella politica il soggetto che condizionava e quindi frenava una corretta gestione del Festival. A questa saremmo arrivati soltanto assumendo direttamente la responsabilità della manifestazione.

Come ci arrivaste?
Dopo tanto tempo. La nostra intesa, sempre più salda, fu fondamentale perché, muovendoci su due ambiti diversi all'interno dell'azienda – gestionale-amministrativo il suo, artistico-tecnico il mio – conquistammo sempre più consensi con l'idea di produrre tutto noi. Vecchione, poi, farà carriera e diventerà anche il direttore della divisione che avrebbe curato l'intera produzione Rai. Ed è da quella posizione che assicurò quel supporto tecnologico che per-

mise al marchio Sanremo di garantire agli artisti sul palco una qualità sonora pari a quella di uno studio di incisione. Svolta che ci fece creare le condizioni per il rivoluzionario ritorno dell'orchestra all'Ariston e per costruire così uno spettacolo completamente dal vivo. Cosa che avvenne nel 1990, grazie al patron Adriano Aragozzini, al suo secondo anno da patron. Ma che fatica...

Che intendi dire?
Con lui e da solo, nel 1989 andai più di una volta dai responsabili di tutte le case discografiche coinvolte assicurando di persona che la Rai sarebbe stata tecnologicamente all'altezza di quello che prometteva. Nei fatti l'azienda avrebbe trasformato la qualità artistica del Festival: i cantanti non si sarebbero più esibiti in playback, una vera orchestra avrebbe suonato in teatro e, soprattutto, ci sarebbe stato un controllo audio degno di un disco. Una rivoluzione radicale.

Che ci fu quell'anno?
No. Il ritorno dell'orchestra ci fu nell'edizione successiva, quella del 1990.

Aspetta. Nel 1989 il fratello del direttore generale Biagio Agnes, Mario, direttore dell'«Osservatore Romano» e storico amico di Giovanni Paolo II, sul giornale della Santa Sede – da lui guidato dal 1984 al 2007 – attaccò pesantemente il Trio Lopez-Marchesini-Solenghi che, ospite della 39esima edizione del Festival, fece uno sketch irresistibile su San Remo. Si parlò di comicità «becera, stupida e triviale».
Sì, anche in quell'occasione sembrava dovesse venire giù tutta la Rai.

Perché «sembrava»?
Perché quando c'è Sanremo l'attenzione di tutti i media è talmente sovradimensionata che ogni spiffero sembra in grado di causare la fine del mondo, poi – puff! – passa tutto in ventiquattr'ore.

Per te è stato un bene.
Certo. Ho mosso tante pedine per fare in modo che quel tipo di interesse verso il Festival crescesse sempre di più. La prima sera Solenghi si presentò sul palco dell'Ariston vestito da San Remo con barba finta, tunica azzurro mare, fiori sulle spalle e un remo in mano. Battute come «Dalla prima lettera di Jovanotti alle sorelle Boccoli...», «L'Agnes di Dio che toglie le private dal mondo...», «Tuo è il Regno dei fiori...» e «Per Christian (cantante all'epoca molto popolare, nda), con Christian e in Christian. A te, o Rai onnipotente, diciamo "Perdona loro perché non sanno quello che cantano..."», fecero ridere tutti, o quasi, ma al tempo stesso fecero parlare di vilipendio alla religione i cattolici più rigidi e permalosi. Al Trio, in scaletta ogni sera del Festival con due interventi, chiesi di correggere un po' il tiro per evitare altre polemiche gratuite. Andò bene.

E Agnes come reagì agli attacchi del giornale del Vaticano diretto dal fratello?
Silenzio assoluto. Come se non fosse mai accaduto. L'azienda assorbì il colpo senza fiatare. Alla fine quel Sanremo fu un successo clamoroso.

Quell'edizione del Festival, la prima organizzata e diretta artisticamente da Adriano Aragozzini, e vinta da Anna

Oxa e Fausto Leali con Ti lascerò, *fu condotta in maniera disastrosa dai cosiddetti figli d'arte: Rosita Celentano, Gianmarco Tognazzi, Danny Quinn e Paola Dominguín. Chi li scelse?*
Quei quattro, nonostante il copione scritto da due autori tanto bravi quanto navigatissimi come Castellano e Pipolo, fecero una figuraccia clamorosa. Completamente inadeguati, non sapevano reggere le telecamere della diretta, né stare sul palco, presentare e coordinarsi un minimo per non parlarsi addosso e creare momenti di imbarazzo mai visto prima. Il flop dei figli d'arte fu così clamoroso e inimmaginabile che quasi divenne «spettacolare», nel senso che nessuno voleva perdersi un secondo di quello che facevano perché con loro sul palco poteva succedere qualsiasi cosa. Bravissimo fu quel volpone di Christian De Sica, che subito rifiutò l'invito a partecipare come conduttore assieme a loro: «Siete matti? E che v'ho fatto? Ce l'avete con me? No, grazie».

Va bene, ma l'idea di scritturarli di chi fu?
Ovviamente dopo la prima catastrofica serata partì la caccia al colpevole da parte della stampa e di mezza Rai. Cercai in vari modi di farmelo dire dal direttore di rete Fuscagni, che ci aveva messo la faccia nel proporre questa soluzione ad Agnes, ma non ci fu verso di avere un nome e cognome. Chiederlo al direttore generale, che aveva «benedetto» la proposta, non mi sembrava il caso. Alla fine da Fuscagni riuscii solo a farmi dire che la brillante idea fu della moglie di un politico molto potente che, per debolezza e quieto vivere, ovviamente si affrettò a raccomandare in ogni sede. In seguito mi raccontarono che le cose più o meno andarono così. Fa ridere ma è tutto vero.

Moglie: «Amore, ho avuto un'idea per la conduzione del Festival, anche perché quelli della Rai non è che indovinino sempre il conduttore...».

Politico: «Che brava, tesoro. Dimmi, ti ascolto».

Moglie: «Io affiderei la conduzione ad alcuni figli d'arte di personaggi molto cari al pubblico come Ugo Tognazzi, Lucia Bosè, Anthony Quinn, Adriano Celentano... Pensa che tenerezza e che sorpresa».

Politico: «E tu pensi che saranno in grado di farlo?».

Moglie: «Certo. Sostenuti da bravi autori non ho alcun dubbio. Mi sembra una trovata eccezionale».

Politico: «Certo. Anche a me...».

Moglie: «Purtroppo, amore, non sono in grado di parlare con il direttore di Rai1, però sarebbe davvero la cosa giusta da fare quest'anno».

Politico: «Mi stai dicendo che dovrei chiamarlo io?».

Moglie: «Se ti è possibile sì, caro. Dicendo che è una mia idea, ovviamente».

Politico: «Pronto, Batteria (la Batteria è la struttura del Viminale che ha il compito, anche oggi, di garantire le comunicazioni urgenti tra le più alte cariche dello Stato, non solo tra di loro ma anche con deputati, ministri, magistrati, alti dirigenti e giornalisti, nda)? Mi chiama, per cortesia, il direttore di Rai1, Carlo Fuscagni?».

Chi era quel politico?

Uno molto importante. Alla fine del Festival, però, Fuscagni mi avvicinò e in un orecchio, con franchezza e sincerità, mi disse: «Assecondare il suggerimento di quel politico è stata davvero una cazzata. Una mia cazzata». Devo dire, però, che nonostante le tante richieste e le pressioni di ogni tipo, lui e Agnes non fecero mai il suo nome. Mai. Io ancora oggi non so chi sia. Uno dei tanti misteri insoluti della Rai.

¶

Classe 1938, Adriano Aragozzini a ventidue anni comincia a fare il giornalista prima per periodici come «Cine Illustrato», «Sogno» e «Luna Park», poi per «Sorrisi e Canzoni Tv» e «Oggi». Durante un'intervista conosce Gino Paoli, che in seguito gli cambierà la vita usando quattro parole: «Vuoi farmi da manager?». Lui accetta e da allora lavora con artisti italiani come Luigi Tenco, Domenico Modugno (resterà suo amico e manager fino alla morte nel 1994, nda), Nicola Di Bari (secondo al Festival di Sanremo nel 1970, lo vince nel 1971 e 1972, nda), rappresenta Patty Pravo per sette anni – da *Pazza idea* a *Pensiero stupendo* – per più di venti Gina Lollobrigida, scrittura per l'Italia Tina Turner, Sammy Davis Jr., Ray Charles, Sarah Vaughan, Ella Fitzgerald e molti altri. È noto al grande pubblico per aver organizzato il Festival di Sanremo dal 1989 al 1991 (da solo) e dal 1992 al 1993 (con Carlo Bixio e Marco Ravera), ma in tanti anni di carriera ha prodotto anche film, fiction (tredici per Rai1 e sei per Rai2), spettacoli televisivi in prima serata (su Rai1, Rai2 e Rai3) e ha prodotto tour in Italia e all'estero di fuoriclasse come Renzo Arbore, Claudio Baglioni e tanti altri.

Adriano Aragozzini: «Il mio primo Festival da organizzatore lo feci nel 1989. La Rai, nella persona del direttore generale Biagio Agnes, mi propose di organizzarlo all'ultimo momento. Questo per un motivo molto semplice: Pippo Baudo nel 1987 aveva lasciato l'azienda e questo aveva fatto incazzare tanta gente, a cominciare proprio da Agnes, che quell'abbandono l'aveva vissuto come un affronto. Come se non bastasse girava con insistenza la voce, per me non vera, che lo stesso Baudo fosse socio della Publispei di Carlo Bixio – organizzatore di Sanremo dal 1974 – così quando Agnes mi convocò nel suo ufficio, senza girarci intorno mi disse: "Non voglio nella maniera più assoluta che Baudo esca dalla porta per poi rientrare dalla finestra. In Rai non ci si comporta così. Tu pensi di poter allestire un Festival di successo?". Io, serissimo, gli risposi: "No. Caro Biagio, questo io non te lo posso garantire". "E che cosa puoi assicurarmi?" replicò lui. "Un trionfo. Farò un Sanremo indimenticabile" azzardai io. Agnes scoppiò a ridere, si alzò, mi guardò da capo a piedi, e poi mi strinse la mano. Partì così la mia folle, complicatissima ma entusiasmante rivoluzione del Festival della Canzone Italiana.

«In pochi giorni preparai un progetto che già prevedeva il ritorno in grande stile dell'orchestra, cosa che quell'anno non riuscii a organizzare perché l'incarico mi fu dato ufficialmente il 27 dicembre 1988 e il Festival si sarebbe tenuto dal 21 al 25 febbraio 1989. Un meccanismo così delicato non si mette in piedi in un mese e mezzo. Quella del 1989 fu anche l'ultima edizione in cui i voti per la classifica finale dei cantanti vennero abbinati al concorso Totip, cioè le schedine con i risultati delle corse dei cavalli. Da quella del 1990, per la prima volta nella storia del Festival, introdussi le agenzie demoscopiche perché sapevo per certo che le case discografiche, gli artisti e i loro manager, compravano pacchetti enormi di schedine per influenzare il risultato. Un'idea di Maffucci che io appoggiai in pieno. Per loro era parte dell'investimento. Detto questo, se si tolgono i weekend e i giorni festivi, il mio primo Festival lo organizzai in trentacinque giorni. E feci comunque grandissimi ascolti: la serata finale fece il 75.4 di share, la terza più vista di sempre, preceduta solo da quelle del 1987 (77.50) e del 1990 (76.26). Per intendersi, quella di Amadeus del 2024 ha fatto il 74.1.

«Andò bene nonostante l'imposizione da parte della Rai dei figli d'arte come conduttori – Rosita Celentano, Paola Dominguín, Danny Quinn e Gianmarco Tognazzi – che si rivelarono un tale disastro da risultare attraenti. A casa la gente si chiedeva: stasera cosa saranno in grado di fare questi incapaci? Alla fine vinsero Anna Oxa e Fausto Leali con *Ti lascerò*, Gino Paoli – con il quale iniziai la mia carriera di manager – partecipò con *Questa volta no*, che l'ultima sera eseguì dal vivo e non in playback, e Mia Martini vinse il Premio della Critica con la meravigliosa *Almeno tu nell'universo*, tornando a esibirsi in pubblico dopo le cattiverie che per anni aveva subito dall'ambiente discografico per le dicerie sulla sfiga. Su Mimì voglio anche dire che la cosa più triste mai vissuta in tutta la mia carriera fu la rivoltante contestazione che si scatenò quando comunicai che in gara quell'anno, il 1989, ci sarebbe stata anche lei. Molti artisti minacciarono di non partecipare al Festival e lo stesso fece qualche casa discografica che minacciò di ritirare i propri cantanti se lei ci fosse stata. Io replicai nell'unico modo possibile e immaginabile: li mandai tutti affanculo. Tutti. Uno alla volta. Lo dico così chiaramente perché sul vergognoso caso Mia Martini non è mai stata fatta vera giustizia.

«L'anno dopo, finalmente, cambiai tutto. Ma non fu facile, soprattutto per quanto riguarda l'orchestra. Riportarla al Festival fu complicatissimo. Tutte le case discografiche fecero muro: "Non siamo d'accordo perché non riuscirai mai a far riprodurre lo stesso suono che noi creiamo in studio," dissero praticamente in coro "e visto quello che spendiamo per ottenerlo, nessuno di noi capisce perché dovremmo accettare questa tua fantasia".

«Io contestai violentemente questa presa di posizione e andai avanti a provarci in tutti i modi per più di quattro mesi. Inutilmente. Così a settembre andai da tutte le case discografiche e dissi: "Signori, o fate partecipare i vostri artisti al Festival con l'orchestra che suona dal vivo o faccio senza di voi e invito direttamente i cantanti. Sappiate che quattro di loro, molto importanti, mi hanno già detto di sì". Era un mezzo bluff, avevo incassato solo la disponibilità di Peppino Di Capri, ma funzionò. Dopo due settimane i rappresentanti di tutte le case discografiche convocarono una riunione. E tutti insieme mi chiesero solo una cosa: "Come farà l'orchestra a riprodurre lo stesso suono dei dischi?".

«Io risposi facendo lo spavaldo: "È molto semplice. L'orchestra fa la sua parte e suona tutto quello che si può normalmente fare con gli strumenti. Ciò che i musicisti non possono riprodurre, effetti speciali e sonorità particolari, voi le registrerete in un floppy disk che io darò a una squadra di tecnici specializzati che farà in modo di aggiungere quei contenuti al suono dell'orchestra". Alcuni si dissero subito favorevoli, altri assolutamente contrari. Avevo spezzato il fronte unico, dovevo solo aspettare. Non a caso dopo dieci giorni mi fu ufficialmente confermato che le case discografiche avrebbero accettato il mio nuovo regolamento. Ce l'avevo fatta. Ce l'avevamo fatta. Parlo al plurale perché, se non avessi avuto Mario Maffucci al mio fianco, non avrei mai vinto quella battaglia. "Tranquillo, capiranno" mi diceva sempre. "Con l'orchestra ci guadagnano tutti. Devono solo trovare coraggio, e guardare avanti. Quando, in un modo o nell'altro, glielo faremo capire noi al momento giusto." Mi fa piacere sottolineare il lavoro di Mario perché ci siamo anche scontrati ma sempre per cercare di fare il meglio per tutti: pubblico, artisti, azienda. Mi ha sostenuto in ogni circostanza, anche quando cacciai via dall'Ariston un cantante come Rod Stewart. Nell'edizione del 1991 con lui avevo raggiunto un accordo economico per un'esibizione al Festival con due canzoni. Quando arrivò il giorno stabilito, dal suo entourage prima mi dissero che le prove precedentemente fissate alle 10 dovevano essere spostate alle 12, poi alle 12 mi fecero sapere che si doveva aspettare fino alle 17 e alle 17 che non sarebbe arrivato prima delle 19. Insomma, un giorno intero buttato ad aspettare il signorino. Quando si presentò in teatro, però, dal suo camerino sbucò fuori un tizio che mi diede in maniera telegrafica, senza neanche addolcirla, questa notizia: mister Stewart avrebbe cantato solo una canzone e non oltre le 21.30. Non ci vidi più, d'istinto sarei entrato dentro e l'avrei preso a calci dicendogli di tornarsene a casa, ma non potevo e feci di tutto per stare calmo. Prima dovevo consultarmi con la Rai, cioè con Mario, e avere il permesso per poterlo fare. Gli raccontai tutto quello che era successo, lui mi ascoltò con attenzione, e poi mi disse: "Non mi sembra né serio né giusto, caro Adriano. Fai tutto quello che serve per ristabilire serietà e giustizia". "Io lo caccio, Mario." "Caccialo, Adriano." Ci guardammo in faccia e ci venne a entrambi un mezzo sorrisetto. Andai di corsa nel camerino e feci quello che dovevo fare. Urlando un po'. Poco, poco».

¶

Onestamente, che ne pensi di Aragozzini?
Nel mio lavoro non ho mai incontrato un personaggio di così grande vitalità – ancora oggi, a ottantasei anni, sembra inesauribile –, competenza e determinazione. Una specie di corsaro, un avventuriero capace di fare qualsiasi cosa pur di ottenere quello che ha in mente per allestire i suoi spettacoli. Un impresario-produttore che appartiene a un'epoca in cui fiuto ed esperienza di uno come lui potevano decretare il successo di un cantante nelle tv e quindi nelle classifiche di vendita di tutto il mondo. Un uomo straordinario, fuori da ogni schema. E anche molto divertente, anzi, un po' pazzo.

La Rai quando riprese il pieno controllo del Festival?
Il vero cambiamento arrivò nel 1994. Nel 1991 organizzò ancora Aragozzini, nel 1992 e 1993 la formula, dettata dalla politica, di dividere e al tempo stesso coordinare la manifestazione tra Aragozzini, Carlo Bixio e Marco Ravera (figlio di Gianni), si rivelò un flop quasi ridicolo perché i tre invece di collaborare si fecero la guerra. Così l'anno dopo finalmente la Rai riuscì a convincere il Comune di Sanremo ad abbandonare i patron, e le scelte dissennate della politica di cui inevitabilmente erano portatori, assumendosi la piena responsabilità della produzione, e puntando tutto sulla professionalità di Pippo Baudo, dal 1989 rientrato in Rai dopo la fallimentare parentesi durata pochi mesi a Canale5. Il Festival veniva finalmente considerato un programma televisivo di interesse primario, alla pari delle partite della Nazionale di calcio. Cominciò così il periodo, a metà degli anni Novanta, durante il quale cambiarono per sempre il motore e l'immagine della manifestazione. Un'operazione voluta, pianificata e compiuta di cui fui artefice e di cui sono particolarmente orgoglioso.

Anni Novanta in cui ovviamente accadde di tutto.
Certo. Nel 1992, durante la 42ª edizione, Mario Appignani, attivista ex Indiano Metropolitano noto come Cavallo Pazzo, irruppe in palcoscenico denunciando brogli nelle classifiche, urlando: «Questo Festival è truccato e lo vince Fausto Leali».

E lo vinse lui?
No. Arrivò primo Luca Barbarossa con il brano *Portami a ballare*. In seguito Cavallo Pazzo sostenne una cosa per al-

cuni plausibile, cioè che fosse stato «tutto organizzato con la regia di Pippo». Le cose non andarono in quel modo.

Se ne parlò a lungo, però: perché ne sei così sicuro?
Lo escludo nella maniera più assoluta. Però è vero: all'Ariston e a Sanremo c'erano problemi gravi in materia di sicurezza. Nel 1995, durante la 45esima edizione, ci fu il controverso episodio del disoccupato Pino Pagano che in diretta, dopo essersi arrampicato sopra la galleria del teatro, minacciò di suicidarsi gettandosi di sotto, fatto che *Striscia la notizia* su Canale5 cavalcò a lungo insinuando una combine con Baudo, il quale naturalmente intervenne, fece un po' il supereroe, e convinse l'uomo a scendere. Di sicuro, che io sappia, non ci fu alcun tipo di inciucio.

Cambiò qualcosa nell'organizzazione della rassegna?
Questi episodi mi aiutarono a convincere i vertici della Rai a investire anche nella sicurezza di una struttura, l'Ariston, che da quel punto di vista aveva molti punti deboli. Eravamo stati fortunati durante gli Anni di piombo e del terrorismo internazionale, meglio non rischiare ancora: in diretta chiunque avrebbe potuto pensare di poter fare molto facilmente qualsiasi cosa. Così dal 1996 il Festival ottenne un sistema di controllo non di eccellenza, ma perlomeno dignitoso. Oggi per fortuna entrare in quel teatro, durante i giorni del Festival, è come entrare alla Casa Bianca a Washington. Ma non è tutto, perché riuscii a portare a casa anche un altro cambiamento importante, quello delle giurie affidate alle agenzie demoscopiche. Quelle create da Ravera erano sempre state avvolte da un alone di mistero, così adesso tutto diventava più semplice e chiaro. Il

problema successivo fu quello della selezione: meglio dare più peso agli utenti televisivi o ai consumatori di musica? Il problema risultò evidente con i Jalisse primi nel 1997, perché votati soprattutto dal pubblico televisivo, e con gli Avion Travel, che vinsero nel 2000 grazie alla cosiddetta giuria di qualità, da me istituita per non perdere nella valutazione il reale valore artistico della canzone. Fu necessario equilibrarle, però, altrimenti per motivi differenti avrebbero alterato in maniera ingiusta il risultato finale.

Quanto fu faticoso ideare, progettare e concretizzare questa radicale trasformazione?
Tanto. Ce la facemmo grazie alla tenacia e all'aiuto delle strutture competenti dell'azienda. Come sempre la cosa più difficile fu sconfiggere le pressioni politiche, anche quelle che ciascun organizzatore – Ravera, Aragozzini e Bixio – era in grado di riversare grazie ai partiti sull'amministrazione della Città dei Fiori. Sta di fatto che adesso, dopo quei cambiamenti strutturali, il Centro di produzione di Sanremo manda in onda per ogni edizione le cinque lunghe serate del Festival, i programmi collaterali tipo *PrimaFestival* o *Dopofestival* e tutte le dirette dei programmi – fra questi, ovviamente, anche *Domenica In* – di tutte le reti Rai. Insomma, una macchina da guerra.

È vero che volevi «blindare» Sanremo in un format – numero delle canzoni in gara, durata complessiva, grande comico sì, promozioni cinematografiche e televisive no, e così via – da includere nella convenzione Rai-Comune di Sanremo?
Sì. Il mio obiettivo era quello di evitare che anno dopo anno

l'appuntamento cambiasse di profilo, non certo nei contenuti, a seconda di chi fosse responsabile della direzione artistica. Poi parlando con addetti ai lavori ed esperti vari realizzai che avrei fatto un grosso errore. Uno dei giornalisti musicali che in assoluto più apprezzo nel nostro Paese, Gino Castaldo, per esempio (firma storica di «Repubblica» e da anni voce di Rai Radio2, nda), mi fece capire che la natura della manifestazione più amata e odiata della storia dello spettacolo italiano è spuria, ingannevole e camaleontica. Ed è vero che nasce popolare, ma nel tempo è stata tante altre storie che non si possono trascurare. Insomma, Sanremo non si può ingabbiare. Lasciai perdere.

In tutti gli anni sanremesi ti sei mai interessato alla selezione delle canzoni?
Mai. Ho i miei gusti, come tutti, ma non posso dirmi competente, e subito scelsi di stare alla larga da queste cose. Mi occupavo di altro: conduzione, creazione di un filo di commedia che unisse tutti gli elementi dello spettacolo, costruzione dei momenti di show vero e proprio, e infine selezione e gestione dei grandi ospiti. Per quanto riguarda il fronte canzoni, non feci mai niente per suggerire il nome di qualcuno o favorire l'ascolto di questa o quella canzone.

Ti hanno chiesto di farlo?
Certo. Rai, Sanremo, Italia. Metti insieme queste tre parole e capisci subito che era inevitabile. Le raccomandazioni arrivavano da tutte le parti. E succedeva di tutto.

Fammi un esempio.
Nel 1984, o 1985 non ricordo bene, mi trovavo nello studio

del patron Gianni Ravera per la chiusura del cast dei cantanti in gara, che lui curava in prima persona con estremo rigore, mentre la scelta del conduttore era affare della Rai e quindi, all'epoca, di Giovanni Salvi, che lo sceglieva fra i personaggi più in voga in quel periodo. Di solito gli metteva vicino anche un personaggio femminile più o meno conosciuto, ovviamente di grande fascino, spesso raccomandatissimo da uno o più personaggi molto influenti. Da Ravera, comunque, a un certo punto chiamò una persona, che lui accolse con linguaggio e toni molto disponibili, quasi suadenti. Lui mi fece subito sapere con un labiale che si trattava di un religioso molto importante. «È un cardinale» disse, dandosi un po' d'importanza. Poi iniziò a chiamarlo «Eccellenza», invece di «Eminenza», e a compiacerlo in ogni modo. Dall'altra parte del telefono il cardinale andò subito al punto: «Caro mio, vorrei segnalare alla sua cortese attenzione la signorina XY che a mio giudizio è una brava cantante, ma soprattutto una bravissima persona».

E Ravera?

«Eccellenza, io non la conosco questa signorina...» E quello: «Le farò avere il disco». «Eccellenza, devo chiudere il cast oggi, non posso aspettare. Mi dispiace, mi creda. La prossima volta non mancherò...» «Figliuolo, abbia fiducia in me, è una bravissima ragazza.» Ravera non riusciva a farlo desistere, era in evidente difficoltà – lo si vedeva dai lineamenti del volto che si stavano rapidamente alterando – e così, dopo l'ennesimo «è una bravissima giovane», Ravera cambiò tono: «Eccellenza, non me lo ripeta più. Io non scelgo brave persone, seleziono cantanti. Se mi avesse detto che la sua signorina ha la voce di Mina ma è una gran puttana, non avrei dubbi: la prenderei subito... Ci siamo capiti?». E attaccò il telefono senza salutare.

Tu invece cosa rispondevi quando si facevano sotto?
Non mi occupo di canzoni, lasciatemi stare. Per questo non ho mai partecipato neanche una volta a una riunione delle varie commissioni artistiche selezionatrici.

I più insistenti?
I politici. Soprattutto i vari rappresentanti di Forza Italia che nel corso degli anni, puntualmente, facevano pressioni di ogni tipo per far ammettere in gara Mino Reitano.

E pensare che un cantante ce l'hai in famiglia, Matteo, il tuo secondogenito, il cinquanta per cento degli Zero Assoluto.
Esatto. Matteo e Thomas (De Gasperi, l'altra metà del duo, nda) hanno partecipato al Festival tre volte, nel 2006, 2007 e 2015, e ogni volta venne fuori qualcuno che insinuò favoritismi o cazzate del genere. A parte che ormai in quegli anni ero fuori da tutto, e non contavo più nulla, ti pare che mi mettevo a fare queste cose?

Chi curava per te la selezione delle canzoni?
Puntai tutto su Sandra Bemporad, un'interna Rai che nella mia struttura, anno dopo anno, divenne un punto di riferimento per tutto il mercato. Fui ben contento di nominarla capoprogetto. Un compito delicato, ma fondamentale, al centro di tante polemiche, ma svolto sostanzialmente in modo egregio. Tant'è vero che le canzoni scelte dalla commissione organizzata e gestita da lei hanno sempre avuto il mio assenso.

Dopo anni di successi dal 1997 al 2001 l'azienda ti nominò direttore artistico del Festival, l'ultimo anno da esterno, e alla prima uscita, nel 1997, scegliesti di puntare sull'usato sicuro, Mike Bongiorno: perché?
Volevo rilanciarlo e giocare con la rivalità a distanza, visto che lui si sentiva in competizione con Baudo sul numero delle conduzioni sanremesi (Mike in tutto ne ha presentate undici, Baudo tredici, nda). Al suo fianco, per contrasto e per la voglia che avevo di portare un filo di commedia su quel palco, chiamai un artista innovativo come Piero Chiambretti, al quale chiesi di interagire con lui con modalità teatrali: insieme decidemmo che doveva calarsi dal soffitto dell'Ariston a volte vestito da angioletto e a volte da diavoletto impertinente che spesso e volentieri aveva a che fare con Valeria Marini, la bella di turno. Mike fu irresistibile, moderno e coraggioso. Non si tirò mai indietro.

Glielo dicesti tu di fare così?
Sì, ma forse non abbastanza. Per questo ringrazierò per sempre sua moglie Daniela, perché all'inizio lui non voleva proprio saperne. Ricordo che lei fu decisiva durante un incontro abbastanza acceso nel salotto della loro casa di Milano. Io gli spiegavo il progetto con i dettagli – con me c'era anche Piero – e lui frenava su tutto. Daniela, rendendosi conto che il marito difendeva il suo ruolo tradizionale di conduttore, intervenne dicendo: «Mike, i ragazzi hanno ragione, ascoltali. I piccoli grandi cambiamenti fanno bene a tutti, faranno bene anche a te. E non temere: resterai sempre il Mike Bongiorno che tutti conoscono. Fidati di loro. E fidati di me». Si fidò, e fece un figurone. Smentimmo i giornali che avevano pronosticato un flop, per

loro non saremmo mai stati all'altezza di Baudo, che aveva lasciato perché in fase calante. Fu un grande successo.

E nel 1998?
Quella fu un'edizione memorabile. Nata in maniera decisamente complicata. Io avevo pensato a Fabio Fazio, che mi sembrava perfetto: giovane e preparato, moderno ma già di lungo corso e con una sua cifra stilistica ben definita. In Rai i grandi capi, Franco Iseppi e Giovanni Tantillo, rispettivamente direttore generale e direttore di Rai1, me lo bocciarono senza appello: «Non va bene, con lui non si vince. Ce ne vuole un altro».

E tu?
Niente. Accusai il colpo e risposi stizzito dicendo di non essere affatto d'accordo ma che il giorno dopo avrei portato l'uomo giusto per tutti.

Non parlasti con Piero Chiambretti?
Mi aveva già fatto sapere da tempo, e in maniera molto sorprendente, che Sanremo è come il militare: si fa una volta sola. Per lui l'argomento era chiuso. Comunque, dopo una notte insonne, trovai un nome che per me era perfetto: Raimondo Vianello.

E stavolta convincere i piani alti fu difficile?
Per niente. Piacque a tutti. Solo che io a Raimondo non avevo detto nulla. Zero. Finita la riunione lo chiamai di corsa, gli chiesi un appuntamento – che lui mi diede subito – e appena lo vidi giocai a carte scoperte: «Raimondo, mi trovo in grande difficoltà: tu sei un mostro sacro dello spettaco-

lo italiano e io per Sanremo negli ultimi tre mesi ho pensato a un altro... Ora, però, ti chiedo di accettare la conduzione del prossimo Festival, non puoi dirmi di no: ci stai?».

Cosa ti disse Vianello?
Con il suo fare sornione si portò subito avanti: «E che problema c'è? Ho fatto tante cose nella mia vita, ma la conduzione del Festival mi manca. Ci sto». Hai presente quando uno tira un sospiro di sollievo? Ecco, moltiplicalo per mille. E da sfacciato rilanciai senza vergogna: «Per caso hai già qualcosa che ti passa per la testa?». Non rispose. Mi fissò con i suoi occhi chiari e per una decina di secondi rimase fermo davanti a me senza quasi respirare.

E tu?
Niente. Lo guardavo e aspettavo che facesse qualcosa. Si passo l'indice e il pollice intorno alla bocca: «Baudo si porta sempre la bionda e la mora? Io con me voglio la bella e la brutta». Mi si gelò il sangue. Chiamare una donna bella è semplice, ma come si convince una donna a interpretare il ruolo della brutta sul palco dello show più visto e chiacchierato della televisione italiana? Mi permisi di farglielo notare. «Ci penso io, nessun problema» disse con calma Raimondo.

E Sandra Mondaini, sua moglie, che cosa fece?
Niente. Ricordo che durante l'incontro a casa di Raimondo lei non c'era. Io incontrai solo il personale di servizio. Raimondo stavolta voleva fare tutto da solo. Durante il Festival, Sandra intervenne un paio di volte al telefono da casa e basta. Per lui a Sanremo doveva andare in scena la sua scappatella con Eva Herzigova, la bellissima modella

ceca che volle a tutti i costi. Era pazzo di lei, ma in scena – per nascondere tutto a Sandra che era a casa – l'avrebbe sminuita spostando l'attenzione sulla brutta. Il fil rouge della commedia era questo.

L'altra, la brutta, era Veronica Pivetti: come si comportò?
Quasi quattro ore prima del debutto, martedì 24 febbraio 1998, uno dei miei più stretti collaboratori mi chiamò e molto agitato mi disse: «Abbiamo un problema serio: devi andare subito da Veronica perché ha avuto una crisi di nervi. Non smette di piangere, è incazzata e non vuol fare più niente».

Che cosa le era capitato?
Aveva letto il copione e aveva finalmente capito quale fosse il suo vero ruolo al Festival.

Vianello non le aveva detto nulla?
Andai da lui di corsa e quando arrivai gli dissi con tono fermo e deciso: «Ti eri impegnato a dirle tutto e non l'hai fatto. Non sei stato di parola, Raimondo!». E lui, con un'adorabile faccia da schiaffi: «Uuuuuuuh, hai ragione. Me ne sono dimenticato». «Vai da lei, per favore» feci io sempre più incalzante ma calmo e gentile come mai prima in tutta la mia vita. Mezz'ora dopo li vidi insieme che sorridevano. Non ho mai saputo, e non gliel'ho mai nemmeno chiesto, cosa le disse per convincerla.

Quell'anno però Vianello trattò male la super ospite Madonna: perché?
Non l'ho mai capito, forse si era infastidito per come lei

giocava la parte della megastar, di sicuro dopo aver presentato la sua canzone, *Frozen*, Raimondo la mandò via dal palco senza scambiare con lei nemmeno due battute. Nessuno parlava la lingua dell'altro, ma un modo l'avremmo trovato. Io rimasi a bocca aperta, tant'è vero che molti, dopo, mi dissero di aver pensato addirittura a uno scherzo. Una scena degna di *Pulp Fiction*. Detto questo, era un gigante, Raimondo. Che giocò con la sua età e la stanchezza in maniera geniale.

Che vuoi dire?
Aveva capito subito che per stare su quel palco in maniera vincente bisogna semplificare tutta la narrazione. Per trovare la giusta sintonia con la maggior parte della gente a casa non bisogna mai mettersi un gradino sopra, meglio non sembrare troppo intelligenti, performanti o competenti, si corre il rischio di essere respingenti. Questo lo sapeva Baudo e l'ha metabolizzato benissimo anche Amadeus, che vola sempre basso ma centra tutti gli obiettivi.

Ma è vero che tu non l'hai voluto, Amadeus, alla conduzione del 2000?
No. È una balla che gira in rete, l'ho letta anche su Wikipedia, ma non è assolutamente vero. Tra l'altro quello che Amadeus ha fatto in questi anni mi sembra davvero buono perché ha messo insieme tradizione e contemporaneità in maniera fresca ed equilibrata, oltre ad aver portato in una percentuale mai così alta le canzoni che davvero tutto l'anno animano il mercato discografico. Comunque nel 2000 il suo nome non venne mai preso in considerazione. E ti spiego anche perché: dopo il Festival con Vianel-

lo, che ebbe un successo clamoroso di critica e pubblico, l'anno dopo riuscii finalmente a imporre il nome di Fabio Fazio, il quale portò a casa un altro risultato clamoroso in termini di qualità e ascolti. Ti pare che non gli chiedevo il bis per il 2000?

Come riuscisti a superare le resistenze per portare per la prima volta Fabio Fazio in Riviera?
In azienda non c'era più chi si opponeva a lui e poi, dopo il successo clamoroso su Rai2 di *Anima mia*, Fabio era molto maturato. Al suo fianco invitai la splendida Laetitia Casta, gran carattere corso e bellezza selvaggia e travolgente, all'epoca quasi sconosciuta in Italia; Renato Dulbecco, il premio Nobel per la medicina del 1975, chiamato per spiegare ironicamente la complessità del regolamento del concorso; e con loro anche gli strepitosi Teo Teocoli e Anna Marchesini. Quello fu l'anno dello slogan «Sanremo è per tutti» e così, da Mikhail Gorbaciov all'artigiano marchigiano delle scarpe, dal mago Silvan a Neil Armstrong, effettivamente sul palco sfilarono un po' tutti. E per il 2000 la squadra che vinse, ovviamente, non fu cambiata.

La squadra vinse, ma il Festival 1999, il primo targato Fabio Fazio, si chiuse con un attacco pesantissimo alla tua gestione scagliato a manifestazione finita da Agostino Saccà, direttore di Rai1. Qualcuno a Viale Mazzini voleva cambiare te, vero?
Sì. Alla vigilia del Festival, mentre tutti i giornali si chiedevano se Fazio sarebbe stato all'altezza di Raimondo Vianello e Mike Bongiorno, il numero uno della rete annunciò una tendenza degli ascolti in crescita – quindi provando a

intestarsi in anticipo, e in continuità, un successo a cui non aveva minimamente contribuito – e poi a rassegna partita si fece finalmente vedere a Sanremo. Per quelli come lui la passerella festivaliera era un'occasione molto ghiotta per mettersi in mostra, incontrare giornalisti, fare pubbliche relazioni, mentre altri – come il sottoscritto – lavoravano sodo per portare a casa il risultato. D'altra parte in questo Saccà era un maestro.

A cosa alludi?
Semplicemente a quello che c'è scritto sull'*Enciclopedia della televisione*, la Garzantina 3, che lo cita per aver elaborato un progetto nel 1996 per Letizia Moratti, quando era presidente della Rai (dal 1994 al 1996, durante il governo Berlusconi I, nda), sul «riposizionamento dell'immagine dei vertici dell'azienda», indicato da tutti gli addetti ai lavori come l'opera principale del suo percorso professionale. In aggiunta, per onestà intellettuale, posso dire che, per quel Festival, Saccà (direttore di Rai1 dal 1998 al 2000 e dal 2001 al 2002, nel 2002 diventò direttore generale Rai, e dopo il cosiddetto editto bulgaro di Berlusconi fece fuori Biagi, Santoro e Luttazzi, mentre un anno dopo passò alla direzione di Rai Fiction, carica che mantenne fino al 2007, nda) come dirigente ebbe il merito di avermi finalmente autorizzato a «sdoganare» Fabio Fazio, dopo che l'anno prima Giovanni Tantillo, il direttore di Rai1 che lo aveva preceduto, e Franco Iseppi, un direttore generale a dir poco imbarazzante, avevano fatto muro sul suo nome perché non credevano nella mia proposta. Uno stop inatteso, devo dirlo, perché arrivò dopo che per tre mesi mi avevano lasciato lavorare al progetto Sanremo con lui.

Una volta arrivato a Sanremo cosa fece Saccà?
È un po' imbarazzante da riportare, perché mi riguarda personalmente ed è un po' ridicolo, ma temo che assieme al suo assistente Gianvito Lomaglio, già ex portavoce dell'ex sindaco di Milano Paolo Pillitteri, il marito della sorella di Bettino Craxi, Rosilde, si sia imbattuto ovunque – bar, ristoranti e alberghi – in un giornalino locale, «Festival News», che senza avvisarmi mi aveva dedicato la copertina, mettendo una mia foto e un titolo forte: «Maffucci über alles». A Saccà deve essere venuto un colpo. Di sicuro uno come lui era venuto in Riviera per promuoversi come il direttore di Rai1 artefice di un'edizione unica del Festival. E invece dal tabaccaio al benzinaio si ritrovava ovunque il mio faccione... Mi viene da ridere, scusa.

Stai regolando un vecchio conto, ammettilo.
Credimi, non mi interessa proprio. Trovo che fu tutto penoso, questo sì, e anche un po' assurdo. Poi capirai perché. Venni a sapere che copertina e titolo erano stati suggeriti a Ilio Masprone, il proprietario della pubblicazione, da Gigi Vesigna, il potentissimo direttore di «Sorrisi e Canzoni Tv», che per quel numero del giornalino aveva firmato un articolo in cui analizzava il mio operato, anche con accenti critici, prendendo atto che alla fine – nonostante le tante difficoltà – ero sempre riuscito a organizzare ogni cosa e a raggiungere così tutti gli obiettivi fissati dalla Rai.

Un piccolo monumento, confessa.
Chiamalo come vuoi, ma credimi se ti dico che fu una sorpresa anche per me. Mi fece piacere, ovvio, ma sono uno che ha da sempre scelto il basso profilo, questo tipo di espo-

sizione più di tanto non mi fa effetto. E soprattutto non l'ho mai cercata. Avrei fatto un'altra carriera.

A Festival finito cosa accadde?
L'impensabile. Vinse Anna Oxa con *Senza pietà*, seconda si piazzò Antonella Ruggiero con *Non ti dimentico*, terza Mariella Nava con *Così è la vita*. Applausi, complimenti, euforia in sala, sul palco e dietro le quinte. Poi a tarda notte la conferenza stampa dei vincitori. Complimenti a tutti: Fabio Fazio, Laetitia Casta, Teo Teocoli, Renato Dulbecco... Insomma, tutto normale. Bisognerà aspettare le sedici del pomeriggio della domenica – quando i vari protagonisti erano ormai in viaggio per tornare a casa – per vedere Agostino Saccà occupare da solo, con accanto Lomaglio, il lungo banco della sala stampa dal quale per una settimana avevamo dato notizie ai colleghi giornalisti. Il direttore di Rai1, dopo le frasi di circostanza su un successo che avrebbe potuto e dovuto valorizzare, arrivò subito al punto che più gli interessava: era molto deluso, disse, perché tutto quello che aveva visto aveva messo in evidenza un vecchio e fallimentare modo di gestire il Festival – ovviamente senza specificare nulla né documentare in alcun modo – e quindi chiuse l'intervento dicendo che come direttore di Rai1 si sarebbe tempestivamente impegnato a rinnovare la squadra di lavoro. Insomma, voleva farmi fuori.

Reazioni in sala stampa?
Gelo. Nessuno capiva i motivi di queste critiche.

E tu?
Muto. Non replicai. Quel Festival era stato impeccabile:

gli ascolti furono straordinari, la conduzione di Fazio elegante e simpatica, la Casta si impose come personaggio fresco e piacevole, Teocoli fu travolgente come sempre, e il premio Nobel Dulbecco giocò con la tv in maniera spiritosa, intelligente e sorprendente. Per quale motivo si lamentava Saccà?

Le reazioni del giorno dopo quali furono?
Sui giornali che contavano il suo sfogo non ebbe praticamente rilievo. Arrivato a Roma, però, io subito scrissi al direttore generale Pier Luigi Celli: «A che gioco giochiamo?». Poi feci altrettanto con Saccà: «Vediamoci per chiarire». Nessuno mi rispose.

Cosa c'era sotto?
È quello che mi chiesi anch'io. Perché Saccà aveva sferrato un attacco così plateale, nella sala stampa del Festival, davanti a tutti i giornalisti? Perché un direttore di rete, forte politicamente, che stava già lavorando per farsi nominare direttore generale da Berlusconi (ci arriverà tre anni dopo, il 19 marzo 2002, nda), si scagliava contro il capostruttura più importante di Rai1, professionalmente riconosciuto, solido e popolare, e soprattutto lo faceva dopo un'edizione del Festival di così grande successo come quella del 1999?

Ti spaventasti?
Sì. Pensai al peggio. Saccà, criticabile per tanti motivi, di sicuro non era uno sprovveduto. Se si era mosso, aveva la copertura giusta. Io ero da tredici anni responsabile degli spettacoli di Rai1, ero stato confermato da almeno quat-

tro spoils system, e mai nessuno mi aveva messo in discussione in quel modo così subdolo e violento. Nel mio lungo percorso televisivo non ero mai stato così nel mirino.

Però non ci furono sviluppi e non ti impallinarono: perché Saccà non riuscì a farti fuori?
Per mandarmi a casa sarebbe stato sufficiente l'ok di Celli, direttore generale molto spregiudicato ma anche estremamente prudente e accorto. Un uomo che – lo dicevano le varie ricostruzioni politiche dell'epoca – aveva avuto dal premier piddino Massimo D'Alema l'incarico di far saltare il cosiddetto «zoccolo duro» dell'azienda, lo stesso che fino a quel momento aveva consentito alla Rai di salvarsi, magari adottando soluzioni non sempre ottimali ma di sicuro le migliori possibili viste le varie circostanze. Quell'attacco puntava a me e a quello «zoccolo duro» di cui ero con onore parte integrante. Come nelle trame di un «legal thriller» alla Michael Connelly potrei anche dirti che Saccà e Celli avrebbero avuto un doppio vantaggio buttandomi giù.

Facendoti fuori cosa avrebbero portato a casa?
Saccà si liberava di un uomo di prodotto, la cui forza in azienda si basava esclusivamente sui risultati, che condizionava molto il suo prestigio di direttore di rete. E Celli di un uomo Rai percepito come ostacolo alla sua politica gestionale che si poggiava su due criteri: affidare alla dirigenza l'aspetto amministrativo della produzione e ai produttori esterni – tramite appalti – quello creativo. Una mutazione del dna aziendale che puntava, così avrebbe giustificato questa manovra, a modernizzare e migliorare il rappor-

to della Rai con la cultura reale del Paese. Io per lui ero un ostacolo perché forse mi vedeva come l'unico dirigente di struttura capace di assicurare una gestione regolare in termini di creatività, rispetto dei costi e risultati. Eliminato Maffucci, il suo piano sarebbe decollato.

E allora perché Celli non diede la spallata finale?
Le circostanze non furono favorevoli: l'attacco fu accolto freddamente da tutti, nessuno lo cavalcò. E una volta rientrato a Roma, Saccà non ebbe l'intuito di fare un passo indietro – forse perché offuscato dall'invidia che provava per me, e questo è l'aspetto più ridicolo della storia – così solo quando incontrò di persona Celli si accorse che l'ipotesi progettata era saltata e che al dg non importava che lui si fosse sporcato le mani. Rimasi al mio posto, con tutte le deleghe, come sempre. Con l'amara consapevolezza che i due si erano mossi non per motivi professionali, ma esclusivamente di opportunità politica. Una svolta triste, direi.

Non dirmi sorprendente, però.
Non te lo dico, certo. Ma che fu molto brutta, sì. In pratica era cominciata una stagione che non teneva più conto dei rapporti interpersonali, che – come sempre – in certi momenti risultano decisivi. Penso, per esempio, all'avventura con Adriano Celentano, portata a termine grazie alla lealtà e al rispetto umano che c'era fra me, Emmanuele Milano e Biagio Agnes. Io, senza di loro, sicuramente non ce l'avrei fatta.

Come superasti quell'attacco?
Lavorando come sempre. In Rai tutto continuò come se

nulla fosse successo. Il via per il Fazio 2 a Sanremo arrivò da Saccà solo all'ultimo momento utile, a fine novembre 1999. Celli, invece, con un evidente imbarazzo mi nominerà vicedirettore, senza alcuna delega, ma con l'incarico del Festival e dei Grandi Eventi.

MAFFUCCI ÜBER ALLES DI GIGI VESIGNA (FEBBRAIO 1999)

Mario Maffucci: uno, nessuno, centomila. Da anni è una delle griffe della Rai. Lo chiamano il Cardinale per le sue eccezionali capacità di mediatore, per le sue doti diplomatiche che l'hanno reso praticamente invulnerabile, facendolo uscire incolume dalle tempeste del *Fantastico* di Celentano, trasformato da un flop sicuro in un flop di successo, tanto che, a distanza di anni, è considerato il precursore delle trasmissioni trasgressive ma che fanno tendenza. Maffucci non è naufragato nemmeno quando si è trovato a gestire la catastrofe del *Fantastico* di Montesano, rattoppato con la precettazione di Giancarlo Magalli.
Insomma Maffucci über alles. Ha vissuto la dura quotidianità di tanti Festival di Sanremo dove il dominus, presentatore, regista, direttore artistico era Pippo Baudo. Ha convinto Mike Bongiorno ad azzardare il dopo Baudo e ha fatto centro. Nella scorsa edizione ha chiesto e ottenuto da Mediaset il «prestito» di Raimondo Vianello e gli è andata bene. Ha annunciato più volte le sue dimissioni e le sue intenzioni di mettersi in proprio, restando però in carica da esterno, per organizzare gli eventi speciali delle tre reti Rai. Per fargli ritirare le dimissioni l'hanno nominato vicedirettore di Rai1, mantenendogli però l'incarico di curare Sanremo e, per primo, ha avuto l'idea di contattare Fabio Fazio. Fazio è un tipino da prendere con le molle: sa quello che vuole e vuole ottenerlo.

Un anno fa aveva realizzato un progetto per organizzare il Festival, ha condotto Sanremo Giovani poi, evidentemente non pago in tutte le sue richieste (e non mi riferisco a questioni economiche) ha fatto marcia indietro. Adesso è sul ponte di comando, ma sottocoperta, con il sestante e le mappe di navigazione c'è ancora lui, Mario Maffucci, che magari teme di aver esagerato con Fazio, un clone di Baudo, ma poi si tranquillizza visto che Fabio non ha mostrato nessun interesse per la scelta delle canzoni dei cantanti. Un particolare certo non irrilevante visto che, invece, Pippo metteva il naso dappertutto, perfino negli spartiti delle canzoni. Fazio ha firmato il contratto per condurre anche il Festival del 2000. Secondo me non concederà mai il bis, ritirandosi intelligentemente, cinto il capo dall'alloro dei responsi dell'Auditel.
E Maffucci? Lui rimarrà saldamente al suo posto, anzi: per convincere il Comune di Sanremo a rinnovare la convenzione del Festival con la Rai, ha già ottenuto che nelle previsioni del tempo, accanto ai capoluoghi di provincia, apparisse la temperatura di Sanremo e ha anche ufficialmente annunciato che, già da questa primavera, sferrerà un'offensiva alle velleità musicali di Mediaset organizzando Sanremo Estate. Il che significa prendere due piccioni con una fava: eliminare quel *Sanremo Top* che negli ultimi anni ha sottolineato impietosamente il flop delle vendite dei dischi, e organizzare una manifestazione che vada a scontrarsi frontalmente con il *Festivalbar*, rimasto orfano del suo inventore e patron Vittorio Salvetti.
E con il *Disco dell'Estate* che, nonostante gli sforzi, non è ancora riuscito a decollare sulle reti Mediaset. In più Maffucci si è assicurato il sodalizio con Bibi Ballandi, il pacioso ma iperattivo manager musicale che possiede il Bandiera Gialla, il locale dell'entroterra riminese dove ogni estate la Rai registra il suo varietà estivo di prima serata, ma che

è anche il titolare del format di *Taratatà*, ha organizzato il concerto per il Papa e l'ultima trionfale trasmissione di Morandi *C'era un ragazzo*. Come andrà a finire? Che la Rai diventerà la padrona assoluta del mondo della musica e che Maffucci rimarrà al suo posto sino a quando, pensionato di lusso, continuerà a produrre «eventi» per la Rai. Magari in società con Bibi Ballandi.

Terza parte

Grandi eventi, grandi complicazioni

Pavarotti e una fidanzata di troppo

Quella del 2000 fu un'edizione dai buoni ascolti ma anche stavolta non filò tutto liscio, giusto?
Sì, purtroppo. La conferma di Fazio, dopo gli ottimi risultati dell'anno precedente, sicuramente superiori alle aspettative, era scontata. Durante le prime riunioni Fabio disse subito che, per onorare il passaggio di secolo e di millennio, per l'edizione del 2000 bisognava inventarsi qualcosa di speciale. Coinvolgere un artista straordinario. Io dissi subito che l'uomo giusto era Luciano Pavarotti, che Fazio non conosceva, e con il quale io da anni lavoravo per il suo concertone di beneficenza *Pavarotti & Friends*. Non ci fu bisogno di discutere: trovammo subito l'accordo ed è così che ingaggiammo Big Luciano, un gigante dell'opera che avrebbe sicuramente dato lustro internazionale al Festival. Dopo di lui scegliemmo la modella e attrice spagnola Inés Sastre, all'epoca molto in vista anche perché corteggiata dal principe Felipe, oggi re. Bella ma poco empatica, nell'arco della manifestazione si rivelò una delusione, soprattutto se messa a confronto con la francese Laeti-

tia Casta, che l'anno precedente aveva ottenuto un grande consenso di pubblico e critica. La volle Fazio su consiglio – così si diceva in redazione – di sua moglie. Teo Teocoli, invece, anche quell'anno fece la sua parte e fu come sempre bravo ed efficacissimo.

Cosa andò storto?
Ancora oggi faccio fatica a dirlo perché in qualche modo fui tra i responsabili della più brutta e noiosa prestazione di Luciano Pavarotti su un palcoscenico.

In effetti fece il valletto, e basta.
Già, che rabbia. Luciano per tutto il Festival lanciò la pubblicità e presentò i cantanti. Punto. E ogni volta che lo faceva aveva un'aria così impacciata, triste e dimessa che alla fine ogni suo intervento risultava imbarazzante. Non sembrava lui. Le premesse, e le promesse, ovviamente, erano altre.

Quali?
Quando gli chiesi di venire a Sanremo, accettò immediatamente. Amava il Festival e pochi giorni dopo mi disse che di sua iniziativa aveva già sentito Nilla Pizzi e avevano concordato di cantare insieme *Grazie dei fiori*. E poi aggiunse con entusiasmo che ogni sera voleva fare un duetto con altri artisti che avevano fatto la storia di Sanremo, come Toto Cotugno, Albano e altri. Fece anche la battuta: «Sai, Mario, dopo otto anni di *Pavarotti & Friends* su Rai1, ormai ho maturato una certa esperienza. Ho cantato con Bono, Michael Jackson ed Elton John: che dici, posso farcela?». Pochi giorni prima dell'inizio della gara, però, che quell'anno si tenne dal 21 al 26 febbraio, mi telefonò

per dirmi tutto d'un fiato che ci aveva ripensato: «Verrò a Sanremo, come ti avevo promesso, ma non farò duetti: sul palco dell'Ariston non canterò».

Cos'era successo?
Io e Fazio purtroppo fummo costretti a subire la volontà della sua fidanzata Nicoletta Mantovani (i due si sposeranno nel 2003, nda), che all'ultimo momento decise per lui in quel modo: super ospite del Festival, Luciano non doveva esibirsi con il repertorio sanremese e neanche con quello lirico. Insomma, quell'anno uno dei tenori più importanti e amati di sempre non doveva fare quello che lo aveva reso una leggenda internazionale: cantare.

E perché?
Il 6 giugno a Modena ci sarebbe stata l'annuale serata del *Pavarotti & Friends*, spettacolo che proprio io per Rai1 curavo dal 1993, e quindi secondo lei – cento giorni prima – l'appeal televisivo del Maestro si sarebbe consumato. Una cazzata gigantesca. Questo episodio evidenziò la spregiudicatezza di Nicoletta Mantovani, che non si fece problemi a mettere in difficoltà Luciano – che tra l'altro si era già solennemente impegnato con me, Fazio e la Rai – facendogli fare una bruttissima figura, e dimostrando un po' a tutti la sua ignoranza assoluta in materia di marketing, televisivo e no. Inoltre, manifestò in maniera inequivocabile un disprezzo intollerabile nei confronti del pubblico, della gente coinvolta nell'organizzazione del Festival, e di Pavarotti stesso, che su quel palcoscenico finì per fare la più insignificante prestazione della sua formidabile carriera.

Non provasti a farle cambiare idea?
No. E sbagliai clamorosamente. Per non mettere in imbarazzo Luciano – che al telefono, con un tono di voce non proprio squillante, mi disse: «Nicoletta vuole così e io farò quello che dice lei» – accettai la scelta della sua compagna in silenzio. Ancora oggi mi pento di non averla affrontata duramente. Spettava a me farlo. Fu un mio errore. Grave.

Non vi parlaste più?
Il giorno dopo la fine del Festival del 2000, domenica 27 febbraio, andai a salutare Luciano, ma dall'espressione del suo viso capii subito che non era il caso di commentare l'evento e la sua partecipazione. Mi promise che mi avrebbe chiamato, cosa che fece due giorni dopo. Mi assicurai che non avesse accanto Nicoletta Mantovani, lui mi rispose che era in città a fare spese, così avremmo parlato a cuor leggero. Senza remore. Cominciai dicendogli che purtroppo mi sentivo responsabile per non aver difeso gli interessi dei telespettatori. Realizzai subito che Luciano non capiva. «Caro Luciano, tu sei stato ingaggiato dalla Rai non solo per dare smalto al Festival, ma anche per fare spettacolo, cioè duettare con altri artisti. Alla fine non l'hai fatto.»

E lui come reagì?
Dandomi la conferma peggiore. «Mario, Nicoletta non era d'accordo: i miei duetti avrebbero tolto interesse al *Pavarotti & Friends*, solo per questo motivo non ho cantato.» Gli tolsi la parola: «Luciano, ma non capisci che è assurdo? Quello show è tra quasi quattro mesi e se tu a Sanremo ti fossi esibito come hai sempre fatto, avresti sicuramente

creato interesse per il tuo show. Sappi, comunque, che mi prendo tutta la responsabilità: avrei dovuto con fermezza comunicare a Nicoletta che la sua decisione, o meglio il suo intervento, era inaccettabile sia formalmente che nel merito. Mi pento di non essere stato capace di dirle quanto si meritava. Ovviamente non l'ho fatto per non metterti in difficoltà, e so bene che può sembrare un alibi psicologico ma è così. Ho sbagliato». Mi resi conto che al telefono ero stato un fiume in piena e pensai che avesse attaccato, quindi gli chiesi più di una volta: «Luciano ci sei? Mi senti?». «Ci sono, Mario. Ti ascolto» rispose.

Senza dire altro?
Niente. Così andai avanti: «Mi sento colpevole, e non so come giustificarmi, per non aver impedito di mettere in scena l'esibizione più brutta e ridicola di un grande maestro come te. Per cinque sere su quel palco hai detto quattro stronzate e hai lanciato la pubblicità. Fine. Roba da matti. L'artista lirico più grande del secolo ridotto così. Caro Luciano, avrei dovuto chiamare l'ufficio legale e fare qualcosa, però mi sentivo imprigionato in una bolla di cristallo».

Quella legale fu mai un'opzione?
Far scoppiare il caso a pochi giorni dall'inizio del Festival? Mai. Giustamente Fabio Fazio, portandosi avanti, subito si disse contrario a una polemica che sarebbe stata dannosissima per tutti – la Rai che contesta Luciano Pavarotti – e non esitò a farsi carico dell'intera situazione. La telefonata, più che altro un mio monologo, andò avanti così: «E poi l'aspetto che mi lascia più perplesso e disorientato è che Nicoletta ti abbia obbligato a fare una figuraccia

del genere. Herbert Von Karajan ha detto che uno come te nasce ogni cent'anni. Hai capito? Ogni cent'anni. E io ho permesso di farti animare i siparietti per gli spot pubblicitari e basta. Non me lo perdono».

Te lo perdonarono i vari critici e osservatori: quasi nessuno si azzardò ad attaccare quello che Pavarotti fece al Festival.
È vero. Alla fine alcune canzoni con qualche guizzo di novità – quelle di Alice, Samuele Bersani, Max Gazzè, Irene Grandi e soprattutto Subsonica – e la vittoria a sorpresa degli Avion Travel, lanciati al top della classifica dalla «giuria di qualità» da me istituita per correggere un risultato troppo popolare, «alla Jalisse», ma che si rivelò decisiva per il risultato finale, creando un altro squilibrio, finirono al centro delle attenzioni di tutti. Fu questa la polemica che caratterizzò la conclusione della manifestazione, e io tirai un sospiro di sollievo. Tornando a quella telefonata con Luciano, si concluse in questo modo: «Sappi, caro Luciano, che avrei compreso di più se la decisione fosse stata quella di rompere il contratto e non partecipare al Festival, ma evidentemente Nicoletta non ne ha avuto il coraggio, avrebbe dovuto spiegare troppe cose e la faccenda sarebbe diventata complicata da gestire anche per lei. *Pavarotti & Friends*, in fondo, va in onda in diretta su Rai1». Ci salutammo con freddezza, ovviamente, ma almeno mi liberai di un peso. Dalla sua reazione capii inequivocabilmente che il rapporto nella coppia era squilibrato.

Eppure la conoscevi da anni.
Già, e la cosa brutta è che, dopo la morte di Luciano, Nico-

letta Mantovani per anni ha fatto di tutto per cancellare il ruolo di chi, come me, dal 1993 in poi aveva lavorato a un evento complesso come il *Pavarotti & Friends* e aveva contribuito a farne un grande appuntamento internazionale. In pratica si è accreditata come il direttore artistico unico responsabile di quell'evento, dimenticando tutti i miei sforzi e soprattutto che la prima edizione, quella del 1992 – con Teleglobo come partner televisivo –, fu un flop clamoroso che solo la Rai nei dieci anni successivi riuscì a trasformare in una manifestazione di risonanza internazionale. Un minimo di gratitudine e rispetto era dovuto. All'azienda e a me.

Fabio Fazio e Nicoletta Mantovani andavano d'accordo?
Certo. Durante quel Festival ebbi la netta impressione che Fazio sentisse in modo particolare la presenza di Nicoletta. Infatti accettò sul palco un ruolo di servizio abbastanza insolito per uno come lui. Nel dopo Festival, ma soprattutto nei dolorosi giorni nei quali si ricordò Pavarotti, la sintonia fra i due fu fortissima: Luciano, morto il 6 settembre 2007, fu raccontato e celebrato il 28 ottobre a *Che tempo che fa* su Rai3 solo da lei, dimenticando con grande e anche un po' spregiudicata disinvoltura Adua Veroni, la prima moglie, che per più di quarant'anni era stata il centro e il motore della sua vita e della sua carriera, e di tutto il resto della famiglia, comprese le prime tre figlie.

Quando incontrasti Pavarotti per la prima volta?
Il direttore di Rai1, Carlo Fuscagni, me lo presentò nel 1992, dopo aver trovato l'accordo con lui per il suo show a Modena, dicendogli che da allora in poi sarei stato il suo riferimento in azienda. Per prima cosa mi interessai della

struttura organizzativa e tecnica del *Pavarotti & Friends*, che affidai al Centro di produzione di Milano. E poi di tutto il resto.

Il progetto sul suo evento qual era?
L'idea era di trasformare questo concertone in qualcosa di simile a Sanremo per posizionarlo sul mercato internazionale in maniera importante. Fu facile entrare in confidenza con Luciano e frequentare il suo mondo familiare e professionale. Era una persona gentile e simpatica. Il nostro rapporto era autentico. Andammo insieme anche all'estero, soggiornando in grandi alberghi di Londra e Berlino, o nel suo appartamento di New York a un piano alto di un grattacielo dalle finestre enormi su Central Park. Ricordo che era bello e spazioso, ma arredato senza sfarzo, più simile a un magazzino tra una tournée e l'altra che al *buen retiro* lussuoso di una superstar planetaria.

Vi frequentavate anche in Italia?
Sì, quando era possibile, ovviamente. Aveva due residenze: una a Modena, una villa tradizionale a tre piani con un bel giardino verde e tanti alberi, un viale d'ingresso con la ghiaia contornato da cipressi che introduceva alla facciata principale. E poi una villa familiare sulla collina di Pesaro, con una bella piscina e una straordinaria vista sul mare. Tutto molto signorile, ma senza eccessi. Ne parlo perché ho un ricordo genuino del Pavarotti privato. Nel corso degli anni conobbi anche Fernando, il suo papà, un bel romagnolo sorridente, dai capelli neri tinti e impomatati, che fin da giovane si esibiva come tenore nelle feste di matrimonio. E più di una volta incontrai anche i suoi vecchi ami-

ci della briscola, come il travolgente Franco Casarini, detto Panocia (Pannocchia) – morto nel 2018 –, per una vita assistente e collaboratore di fiducia di Luciano, che continuai a frequentare anche dopo la sua morte nel 2007. Era veramente difficile non volergli bene. Sapeva essere molto simpatico e coinvolgente.

Come?
Ricordo con piacere che ogni tanto dall'estero, sapendo che in Italia era notte per via del fuso orario, il Maestro mi telefonava e quando sentiva la mia voce non diceva neanche «Pronto» e subito attaccava a cantare «Nessun dorma...», la romanza della *Turandot* di Puccini, per poi scoppiare a ridere in maniera fragorosa.

E tu?
E io pure. Sembrava di stare in un film. Pensa alla scena: io di notte, in pigiama e al buio, con Luciano Pavarotti al telefono, chissà in quale parte del mondo, che canta per cazzeggiare e farsi due risate. Dopo, per riaddormentarmi, ci mettevo minimo un'ora. E poi che mangiate... A casa sua ricordo che i primi anni, da bravo capofamiglia, faceva i piatti per tutti. Ruolo che lo rendeva felicissimo, perché poteva finalmente servire e divorare porzioni abbondantissime fregandosene delle ferree restrizioni del dietologo di turno, senza dover mediare con Adua, o chi per lei, che gli ricordavano le varie prescrizioni mediche. Il peso per lui era un problema sotto tutti i punti di vista. Ricordo che due domestici peruviani lo seguivano sempre nei suoi viaggi e avevano il compito di vestirlo, svestirlo e organizzargli tutto il necessario per l'armadio.

Com'era Adua, la sua prima moglie, madre delle sue prime tre figlie?
Una romagnola simpatica, semplice e diretta. Ci intendemmo all'istante e mi fu subito riconoscente per aver rassicurato Luciano riguardo all'organizzazione dell'evento che gli stava così a cuore. Che nel 1992 partì male, ma poi con la Rai ingranò subito anche a livello internazionale. Fu Adua a farmi conoscere Nicoletta, nel 1993. Tre anni dopo finiva il suo matrimonio con Luciano. Pochi giorni prima di quel terremoto, senza volerlo, feci una battuta che anticipava tutto.

Che vuoi dire?
A pochi giorni dall'edizione 1996 del *Pavarotti & Friends* mi trovavo nel Parco Europa, nei pressi di Modena, in una struttura per cavalli, di cui Luciano era un grande appassionato. C'era tanta gente, una gran confusione, e io avevo bisogno di conoscere meglio alcuni dettagli della scaletta. Mi bastavano cinque minuti. Luciano disse che l'unico posto tranquillo per una riunione era il suo Suv.

Di che cosa dovevate discutere?
Dettagli abbastanza importanti, tipo stabilire come e quando prevedere la presenza sul palco di Liza Minnelli ed Elton John, ospiti dell'evento. Cominciammo ad analizzare la sequenza, confrontammo le idee su punti non ancora fissati, e notai ancora una volta che Nicoletta e Luciano erano molto in sintonia. Quel giorno mi colpirono al punto che mi permisi di dire, con la confidenza che avevo ormai con entrambi: «Ragazzi, siete così affiatati che mi sembrate una vera coppia...». Lo feci senza malizia, forse incon-

sciamente avevo anche capito qualcosa, ma di sicuro non ci avevo mai pensato. Luciano si arrabbiò: «Mario, ma che dici? Cosa dici?! Mariooo...!!!». Dopo quella reazione, ora dopo ora capii che inconsapevolmente avevo fatto centro. Tempo una settimana e tutto il mondo venne a sapere come stavano le cose.

Che ricordi hai di quell'edizione?
Buoni. Oltre a Elton John e Liza Minnelli c'erano anche Eric Clapton, Sheryl Crow, Zucchero, Litfiba... Lo spettacolo fu straordinario. Quel concerto ogni anno rappresentava un punto di incontro unico fra musica lirica e pop. Per certi aspetti il *Pavarotti* era un laboratorio artistico di grande valore.

La verità è che alcuni duetti riuscivano benissimo, altri un po' meno.
Questo è sicuro. Fra i tanti meravigliosi – come quelli con Meat Loaf, Queen, Jon Bon Jovi, George Michael, Stevie Wonder, James Brown, Bono etc. – ce ne furono altri deludenti. Quando il cast diventò un affare soprattutto di Nicoletta Mantovani, dal 1996 in poi, qualcosina cambiò.

Come?
Diciamo che lei influenzò positivamente Pavarotti dandogli nuovi stimoli ed energie nella sua ricerca di contatto con le star del pop internazionale, obiettivo che però era nelle sue intenzioni già prima di conoscerla. Di negativo, invece, c'è che Nicoletta rifiutò sempre la collaborazione degli esperti musicali che avevo a disposizione: Luciano mi fece chiaramente capire che lei non voleva saperne perché preferiva fare tutto da sola.

E così fu?
Certo. Così andò a finire che le scelte di lei valorizzavano artisti di suo gradimento, o di altri disponibili per la data dell'evento, penalizzando la costruzione di duetti credibili che potessero giustificare l'incontro con il Maestro, il quale li accettò sempre per non darle un dispiacere. Non vorrei sembrare troppo severo, ma Nicoletta aveva una presunzione – fondata sul suo rapporto con Luciano – che spesso e volentieri oltrepassava il buon senso per sfociare nel ridicolo. Nicoletta inoltre poteva contare sul sostegno del padre che, dopo aver lasciato il posto da impiegato di ruolo della Regione Emilia Romagna, gestì la figlia come un vero e proprio agente, influenzando tutte le sue vicende personali e professionali. Ti parlo del Tibet per farti capire meglio il senso di onnipotenza con cui Nicoletta gestiva i rapporti con l'esterno.

Che c'entra il Tibet?
Torniamo al 2000, l'anno del Festival con Fazio e Luciano. Il 6 giugno di quell'anno al *Pavarotti & Friends* si sarebbero raccolti fondi per i bambini di Cambogia e Tibet, tant'è vero che a Modena la giornata fu aperta da un discorso del Dalai Lama. A Nicoletta Mantovani il tema stava molto a cuore. Circa due mesi prima, infatti, Pavarotti mi chiese un appuntamento telefonico da Tokyo, per le undici di mattina in Italia, le diciotto in Giappone, per chiedermi di partecipare al posto suo a qualcosa di incredibile. Se non fossi stato presente all'episodio, oggi non ci crederei. La chiacchierata fra noi due andò così. Luciano: «Mario, come vedi sono impegnato all'estero per alcuni recital... Nicoletta avrebbe voluto che l'accompagnas-

si io, ma non posso proprio... Lei mi ha proposto il Dalai Lama come ospite spirituale del *Pavarotti & Friends* del 6 giugno 2000...».

MM: «Luciano, il Dalai Lama sarebbe una presenza illustre, ma per gli ascolti potrebbe essere divisivo. Comunque dimmi, dove avresti dovuto accompagnare Nicoletta?».

LP: «A una cena speciale. Si è messa in testa che possiamo chiedere all'ambasciatore cinese in Italia, Chen Wendong, uno scambio molto particolare: io a Pechino faccio un altro concerto gratuito in piazza Tienanmen come quello del 6 luglio 1986 che, davanti a più di un milione di spettatori, ebbe un successo pazzesco, e in cambio il governo cinese concede l'autonomia al Tibet, illegalmente occupato dal 1950».

MM: «Luciano, ma che dici? Ma ti pare che i cinesi accettano una proposta del genere? È una questione di politica estera, andiamo... Mi sembra un'idea assurda e impraticabile. Ridicola».

LP: «Hai ragione, è una stronzata. Le ho detto la stessa cosa anch'io, ma Nicoletta non si arrende. Vuole provarci a tutti i costi. Lo sai come è fatta».

MM: «Va bene, ma io cosa posso fare per te?».

LP: «Lei vuole incontrare l'ambasciatore della Repubblica Popolare Cinese e avanzare ufficialmente la proposta. È già tutto fissato. Ti chiedo il piacere di accompagnarla, come amico e come rappresentante della Rai che poi coprirebbe televisivamente l'evento».

MM: «Va bene, non ti preoccupare: tu pensa a cantare. Tra l'altro l'ambasciata è a due passi da casa mia. Ciao».

LP: «Grazie Mario. Ciao».

E tu andasti davvero con lei per liberare il Tibet?
Sì. E lo so che detto così fa ridere.

Dopo quel Festival in cui lei ebbe un ruolo così negativo?
Certo. La vita va avanti e c'era da fare il *Pavarotti & Friends*, e poi mi ero impegnato con Luciano. Non potevo sottrarmi. Così dopo una settimana io e Nicoletta Mantovani andammo a cena dall'ambasciatore cinese, a Roma, che ci accolse con tutti gli onori: intorno a un grande tavolo ovale trovammo schierati tutti i suoi consiglieri. C'erano quello militare in divisa, quello economico, quello culturale e quello adibito alla sicurezza. Tutti con i fregi, i nastrini e le spillette in petto. La moglie dell'ambasciatore indossava un prezioso costume tradizionale ricamato a mano, tutto rosso e oro. La cena, rigorosamente cinese, fu di primo ordine, con un servizio impeccabile. Nell'occasione appresi che in Cina, mentre il ministero degli Esteri seleziona e forma gli ambasciatori, c'è un'accademia che prepara il responsabile della cucina da inserire nella sua squadra.

In che lingua comunicavate?
C'era un valido interprete: solo il consigliere culturale parlava italiano. I cinesi, l'ambasciatore Chen Wendong e il suo staff, no. Nicoletta a metà della cena ricordò lo storico concerto del 1986, ricevendo grandi elogi da parte dei presenti, e poi fece con chiarezza la sua proposta: «Mister Pavarotti sarebbe felice di fare un secondo concerto gratuito a Pechino, in piazza Tienanmen, in cambio del riconoscimento da parte del governo di Pechino dell'autonomia del Tibet». L'ambasciatore, imperturbabile, rispose che avrebbe senz'altro fatto pervenire la richiesta a Pechino, ma che

sarebbe stato indispensabile da parte del Dalai Lama riconoscere prima l'autorità centrale del governo cinese. Io volevo sprofondare. Durante la piacevole serata, Nicoletta trovò il modo di avanzare più volte la richiesta e la risposta, gentilissima, fu sempre la stessa: «Certo, se il Dalai Lama riconosce l'autorità centrale del governo cinese...».

E poi, come andò avanti la serata?
Dopo la cena ci trasferimmo in un salotto dove, in attesa di un buonissimo tè verde, i consiglieri si premurarono di farmi vedere cinque libri illustrati, con testi solo in cinese, che raccontavano da diversi punti di vista la dipendenza di Lhasa da Pechino e il legame che storicamente li univa. Per me una specie di incubo.

Come vi lasciaste?
Con grandi sorrisi, calorose strette di mano e solenni inchini. Insomma, tanta diplomatica cortesia e formale disponibilità – a Nicoletta l'ambasciatore assicurò che la sua proposta sarebbe stata subito trasmessa a Pechino al ministro degli Affari Esteri della Repubblica Popolare – ma niente di più. Il tentativo di cambiare la Storia finì ovviamente contro un muro. Anzi, una muraglia. Per il resto, che cosa avrei dovuto pensare di Nicoletta dopo questo imbarazzante teatrino con l'ambasciatore?

La moda in tv tra giganti e tigri

Dopo quella del 2000 Rai1 organizzò altre tre edizioni del Pavarotti & Friends *per poi cancellarlo: per quale motivo?*
Dopo quella del 2003 l'allora direttore di rete, Fabrizio Del Noce, ritenne il costo industriale di quell'evento non compatibile con gli obiettivi del palinsesto che aveva in mente e quindi preferì destinare quella quota del budget ad altre iniziative. Dopo dieci edizioni, e a tre anni dalla mia uscita dall'azienda – marzo 2000 –, per la Rai si chiudeva un'esperienza unica. A mio avviso Del Noce sottovalutò in maniera clamorosa l'importanza mediatica che quell'appuntamento aveva nell'intero sistema televisivo internazionale, qualificando Rai1 e l'azienda tra le realtà più dinamiche e versatili del mondo. Il concertone di Pavarotti non era l'unico appuntamento dall'impatto così dirompente, sia chiaro, ma di sicuro con le sfilate di giganti della moda come Armani, Valentino, Versace, Fendi e Ferré era la più fulgida rappresentazione televisiva della straordinaria capacità seduttiva del Made in Italy. Fu un vero peccato aver rinunciato a quel tesoro.

Hai gestito in prima persona anche i grandi spettacoli della moda italiana: come nacquero?
Quando nel 1987 fui nominato capostruttura presi in carico dalla collega Anna Ferretti, la stessa che avevo trovato sul campo nel 1982, quando andai alla scoperta del mondo Sanremo, lo spettacolo nato nel 1986 intitolato *Donna sotto le stelle*. Si trattava di una sfilata di moda trasmessa in diretta dalla scalinata più bella del mondo, quella di Trinità dei Monti a Roma.

Tutta targata Rai?
No. Si produceva in collaborazione con la Camera Nazionale della Moda, l'associazione che ancora oggi coordina, promuove e disciplina lo sviluppo del settore, e aveva sempre avuto un ottimo riscontro di pubblico. Com'era mia abitudine, partecipai ad alcune riunioni organizzative per cercare di capire meglio chi c'era dietro le quinte e rendermi conto delle dinamiche all'interno di quel mondo. Non lo conoscevo e volevo saperne il più possibile. Si rivelò una scelta azzeccata visto che in seguito le cose – come spesso succede – si complicarono non poco.

Cosa accadde?
Intervenne Silvio Berlusconi, sempre lui. Ma ti racconterò meglio più avanti. Alla fine di *Donna sotto le stelle* curai sei edizioni. E una di queste, quella del 1988, fu particolarmente complicata.

Perché?
Su proposta del giornalista dell'Agi Cesare Pierleoni, affidai la conduzione a Jo Champa, attrice e modella italoa-

mericana che oggi non so cosa faccia. Bene, anzi male. Il giorno prima del debutto fu presa dal panico e rinunciò all'incarico, senza possibilità di ripensamenti, così a ventiquattro ore dall'evento mi ritrovai senza conduttore. Pensai subito a Fabrizio Frizzi, un amico e un uomo sensibile e garbato che mi manca tanto, un professionista impeccabile che due anni prima avevo portato con successo dalla tv del pomeriggio – *Il barattolo*, *Tandem*, *Pane e marmellata* – alla conduzione di una prima serata come *Europa Europa* assieme a Elisabetta Gardini. Lo chiamai e gli dissi la verità: «Fabrizio, sono veramente nei guai. Non puoi dirmi di no». *Donna sotto le stelle* era un evento apparentemente semplice, fatto però di molti dettagli che lui non avrebbe ovviamente avuto il tempo di verificare, cosa che era alla base della sua filosofia di preparazione. Ci pensò pochi minuti e poi mi disse: «Va bene, ci sono. Speriamo bene». Fu per lui, abituato a pianificare tutto, una prova difficilissima, superata con grande professionalità: guidò la serata in porto, e io evitai una figuraccia con la Camera Nazionale della Moda, il sindaco di Roma, tutta l'amministrazione capitolina e, naturalmente, la Rai. Per fortuna, in seguito, con questo progetto mi presi anche qualche bella soddisfazione.

Quali?
L'ultimo anno, nel 1992, chiamai a realizzare le scenografie un fuoriclasse come l'architetto Paolo Portoghesi. Il quale ebbe un'idea semplice e bellissima: mettere in risalto la scalinata utilizzando una larga corsia rossa nella parte centrale dei centotrentacinque gradini, da anni patrimonio dell'Unesco, collegandola alla Barcaccia di

Pietro Bernini (padre del più celebre Gian Lorenzo, nda), intorno alla quale aveva sistemato una pedana che la rifiniva e sulla quale le modelle avevano il loro momento clou perché rappresentava il punto del percorso più vicino al pubblico in piazza. Due gazebo barocchi per i cambi di inizio e fine sfilata, disegnati come tende arabe di colore pastello, vennero posti l'uno alla sinistra e l'altro alla destra della scalinata per completare l'allestimento. Insomma, una scenografia meravigliosa. Frutto del lavoro di un gigante come Portoghesi, che volli a tutti i costi perché era l'architetto che più di chiunque altro aveva studiato il Barocco a Roma.

Torniamo alle complicazioni: cosa fece Berlusconi?
Fece Berlusconi, quindi il suo gioco. Nel 1992 offrì un miliardo di lire ai dirigenti della Camera Nazionale della Moda per coprire tutti i debiti dell'associazione. E quelli, ovviamente, accettarono. Così la Rai, che non era in grado di competere con la Fininvest perché non aveva i soldi per rilanciare, perse la collaborazione esclusiva con quel mondo. L'obiettivo di Berlusconi anche questa volta era di togliere un punto di forza della nostra programmazione aziendale e minare alle basi un rapporto consolidato con un settore ricco e prestigioso come il Made in Italy della moda. Anche questa volta non vinse la partita.

E perché?
Forse perché non calcolò che l'ego di quegli stilisti straordinari non poteva accettare norme che alla fine mettevano tutti sullo stesso piano.

Volevano uno spazio in tv esclusivamente dedicato a loro?
Sì. Avendo partecipato nel corso degli anni a tante riunioni con i vari stilisti sapevo che Armani, Versace, Valentino, Fendi, Gianfranco Ferré, Dolce & Gabbana e Prada non erano contenti dell'operato della Camera Nazionale della Moda, perché come soggetto «sindacale» imponeva a tutti di sfilare con altri stilisti che a giudizio delle griffe più importanti abbassavano il livello delle rispettive maison. In altre parole: la Camera Nazionale della Moda non era in grado di valorizzare ed esaltare al meglio la loro eccellenza, anzi in qualche modo l'appiattiva, perché associava la loro creatività a quella di nomi considerati non all'altezza. «Ma vi sembra giusto che ci trattino alla pari di questi sartini che nessuno conosce?» dicevano in maniera più o meno chiara.

E come ti organizzasti per rimediare alla mossa di Berlusconi e sfruttare questi malumori?
Chiesi un appuntamento alle Tigri.

Alle Tigri?
Sì. Le responsabili della comunicazione dei nomi più importanti del Made in Italy, donne – cito loro per tutte le altre – come Cecilia des Salles per Giorgio Armani ed Emanuela Schmeidler per Gianni Versace. Professioniste intelligenti, professionali e visionarie. E ovviamente inflessibili e implacabili come tigri. A tutte loro prima spiegai cosa avrei voluto fare e poi domandai cosa ne pensassero.

Ti sostennero? Cosa avevi in mente?
Certo. Si sentirono coinvolte e così, uno dopo l'altro, grazie alle Tigri parlai direttamente con i vari stilisti ai quali

proposi un nuovo show riservato esclusivamente a loro: i numeri uno della moda italiana nel mondo. Si intitolava *Sotto il cielo di Roma – Stelle della moda* e si sarebbe fatto non più a piazza di Spagna sull'iconica scalinata di Trinità dei Monti, ma nella meravigliosa piazza Navona. Per il 17 giugno 1993 trovammo l'accordo con Dolce & Gabbana, Gianfranco Ferré, Giorgio Armani, Krizia e Valentino. Versace avrebbe partecipato in seguito. Ricordo che quella sera a piazza Navona scorgemmo l'avvocato Agnelli che dal balcone di un appartamento di alcuni amici, con vista sulla Fontana dei Quattro Fiumi, seguiva con il cannocchiale le sfilate delle top model più belle del momento. Nomi come Claudia Schiffer, Naomi Campbell, Cindy Crawford, Helena Christensen, Nadège, Linda Evangelista, Carla Bruni, Gisele Bündchen. Fu un successo.

Gli ascolti?
Ottimi: 35.72 di share per 7 milioni 769 mila spettatori. Replicammo nel 1994 scendendo al 22.17 per 4 milioni 229 mila spettatori, ottenemmo un risultato clamoroso nel 1995 con il 41.11 per 8 milioni 683 mila spettatori, ci assestammo nel 1996 al 28.40 per 6 milioni 890 mila spettatori. Poi cambiarono tante cose e per i successivi due anni non riuscimmo ad andare in onda.

Nel 1997 a Miami fu assassinato Gianni Versace, c'entra qualcosa?
Sì. Quella tragedia, l'acquisto della maison Valentino da parte della finanziaria Hdp e il successo della moda minimalista di Prada e Gucci modificarono i valori e gli equilibri dell'intero settore e crearono molte tensioni tra i vari

stilisti. Inoltre come Rai1, per quanto riguarda trucco, acconciature e modelle, provammo a adeguare i costi della produzione delle sfilate a quelli standard delle altre trasmissioni dell'azienda, manovra che creò dissapori perché nessuno dei couturier li trovò minimamente compatibili con quelli sostenuti per le loro esibizioni internazionali. Non riuscimmo a trovare un accordo, eravamo troppo distanti. Nel 1997 e 1998 niente Made in Italy su Rai1. Andò meglio nel 1999.

Cosa cambiò?
Fece la differenza aver capito che la grande moda italiana non aveva bisogno di una tv che facesse spettacolo, ma di una tv che riproponesse il loro magico mondo con le stesse modalità operative e artistiche con le quali realizzava abitualmente le sfilate internazionali. Detto questo, trattai per sette mesi ogni singolo aspetto della produzione con Armani, Valentino e Versace. Nella fase finale Gucci si tirò indietro per cui invitai Fendi, che accettò subito, mentre Krizia dopo un lungo tira e molla decise di farsi da parte. Armani, senza il quale nulla si sarebbe fatto perché senza di lui tutti avrebbero rinunciato, ebbe qualche incertezza ma poi – rassicurato su tutto – confermò la sua presenza. Quell'anno lo show si fece il 20 settembre in piazza del Popolo a Roma, che da poco era stata completamente restaurata assieme alle due vicinissime chiese gemelle di Santa Maria in Montesanto, note come la Chiesa degli Artisti e Santa Maria dei Miracoli, entrambe progettate da Carlo Rainaldi e poi completate da Gian Lorenzo Bernini. Una location meravigliosa che per la prima volta si poteva apprezzare completamente libera dalle auto in sosta.

Bene. Alla fine quanto costarono le modelle?
Per quindici di livello medio, venti di livello alto, cinque top, sei supertop – fra queste ricordo Eva Herzigova, Stella Tennant e Valeria Mazza – e cinque modelli, spendemmo poco più di 930 milioni di lire, compresi viaggi e alloggi. Per la scenografia richiamai nuovamente l'architetto Portoghesi, mentre allo show fra i tanti invitammo anche il sindaco di Roma, Francesco Rutelli, e la moglie Barbara Palombelli.

Chi chiamasti a condurre la diretta?
Una professionista affidabile come Milly Carlucci, da sempre una garanzia. Come ospiti sul palco parteciparono Renato Zero, Ronan Keating, Riverdance e Jarabe De Palo. Con gli ascolti andammo benissimo, soprattutto se si calcola che per due anni eravamo stati fuori dal giro della moda: 27.49 di share per 6 milioni 667 mila spettatori.

I vertici aziendali contenti, immagino.
Certo. Tutto fu possibile anche perché come Rai riuscimmo a coinvolgere gli stilisti in ogni fase della costruzione dello spettacolo. In particolare, un perfezionista come Giorgio Armani si sentì molto gratificato dalla cura dei dettagli del progetto, dalla scenografia e dalla definizione della scaletta. La cosa incredibile è che realizzai questo evento di portata mondiale senza che ci fosse alcun contratto tra le parti.

Che intendi dire?
Esattamente quello che ho detto. Organizzai tutto e andammo in onda in diretta senza firmare nessuna carta, solo accordandoci sulla parola, guardandoci negli occhi e stringendoci le mani.

Perché?

Durante le primissime fasi della trattativa capii subito che gli stilisti volevano procedere così per avere le mani libere, e tirarsi fuori in ogni momento dal progetto – come poi effettivamente fece Gucci – cosa che assecondai indirettamente perché pensai a cosa sarebbe successo se gli avvocati di Versace e Armani si fossero confrontati con quelli della Rai. Non avremmo fatto nulla. Professionalità e mondi troppo diversi e distanti, forse inconciliabili. Andò benissimo così, non ci furono mai problemi.

Un bell'azzardo.

Una scelta coraggiosa, direi, sicuramente fuori dalle regole, ma più lucida e concreta di quanto si possa immaginare. Evitai discussioni che sarebbero diventate infinite e ci avrebbero impedito di fare passi avanti, esacerbando gli animi. Alla fine della serata una delle Tigri di cui parlavo prima, Emanuela Schmeidler della maison Versace, quando arrivò il momento dei saluti riconobbe il successo dell'iniziativa e mi ringraziò abbracciandomi perché ero riuscito davvero a mantenere tutte le promesse fatte durante la trattativa. Per me fu un grande complimento. Alcuni dirigenti delle strutture Rai competenti, invece, rimasero molto perplessi da questo mio *modus operandi* e manifestarono in ogni sede preoccupazione e disappunto, ma visti i risultati non ci furono sviluppi. Ebbi solo la raccomandazione severa di impegnarmi a non utilizzare più questo metodo.

E poi?

Basta. Nel 2000 andai in pensione e non si fece più. Adriano Aragozzini per conto di Rai1 provò nel 2001 a organizzare un'altra edizione ma l'accordò saltò proprio alla vigilia della messa in onda, perché gli stilisti interessati ritennero che non ci fossero le condizioni per garantire uno spettacolo all'altezza dei precedenti e, ovviamente, del loro status internazionale. Tema, questo delle regole da chiedere, fissare e rispettare, che avevo già affrontato anni prima quando fui al centro di quella che in Rai è passata come una vera e propria rivoluzione musicale.

Che in quanto tale, concretamente, cosa riuscì a cambiare?
Introdusse in azienda il concetto industriale dei Grandi Eventi. Dal 1987 al 2000 passammo da un programma in studio come *Discoring* ai concerti dei Pink Floyd a Venezia, Madonna allo stadio di Torino, e il live in diretta in mondovisione dei Tre Tenori – Pavarotti, Domingo e Carreras – dalle Terme di Caracalla, che si tenne a Roma, davanti a 800 milioni di telespettatori, la vigilia della finale dei Mondiali di calcio di Italia '90. Uno spettacolo senza precedenti.

Gli errori imperdonabili

Rivoluzione musicale: non è un po' troppo?
No. Non mi sembra eccessivo definirla così. Rai1, per quanto riguarda la musica, nel 1987 trasmetteva *Discoring*, come dicevo prima, un programma legato al mercato dei dischi; il Festival di Sanremo, una festa della discografia; e piccoli eventi come il Festival di Castrocaro, il Disco per l'estate, e i concerti delle Bande dei Corpi Militari. Tutto qui, non c'era altro. Quindi un'offerta decisamente provinciale, che dal 1987 al 2000 cambiò del tutto proiettando la rete al centro di un cambiamento travolgente.

Voluto o casuale?
Fu tutto pensato, pianificato e raggiunto. Un'operazione studiata a tavolino che consentì alla Rai di giocare per un lungo periodo, e non esagero, un ruolo di primissimo piano nel panorama televisivo internazionale. I grandi concerti, gli eventi con le stelle della moda e il *Pavarotti & Friends* fecero entrare Rai1 in una vera e propria élite del mercato audiovisivo internazionale dal quale, purtroppo, negli

ultimi vent'anni siamo inesorabilmente usciti. Ma questo è un altro discorso.

L'impresa come riuscì?
Ci fu uno straordinario coordinamento fra le risorse della rete con quelle delle partecipate Sacis (l'agenzia che aveva il compito di commercializzare le produzioni Rai) e Sipra (la società incaricata della raccolta pubblicitaria). Attenzione, però, la scintilla iniziale, la «visione», non fu mia ma di Carlo Livi, vicedirettore generale con delega al marketing e alla commercializzazione del prodotto. Lui decise di riposizionare la Rai nel circuito globale dimostrando di avere sviluppato un'idea ben precisa di come l'azienda avrebbe dovuto svilupparsi negli anni Ottanta e Novanta per essere competitiva con le realtà televisive più importanti del mondo. Si preoccupò che la Rai da una parte avesse una strategia e dall'altra dirigenti e procedure che permettessero a un soggetto pubblico di interagire in maniera proficua con chi mostrava interesse a commercializzare quei prodotti grazie ai quali l'azienda era già leader, come quelli dello sport (all'epoca non avevamo concorrenti, era tutto nelle mani di Viale Mazzini, nda), o avrebbe voluto esserlo, come quelli dello spettacolo. È in questo contesto che all'inizio del 1984 entrai in scena io, Forrest Gump.

Ti coinvolse direttamente Livi?
Sì. Lui conosceva alla perfezione i limiti che le norme imponevano alla Rai sulla pubblicità e quindi aveva studiato come individuare altre risorse economiche, soprattutto con gli sponsor. Per riuscirci aveva bisogno di un dirigen-

te motivato e attento alle ipotesi che le partecipate offrivano. Livi mi inserì nel progetto perché aveva messo a fuoco le mie caratteristiche culturali e professionali, e da allora fissò incontri sistematici con me a intervalli regolari. Mi spiegò le caratteristiche del mercato della comunicazione negli anni Ottanta, che cos'era una sponsorizzazione ben fatta, a quali condizioni un soggetto pubblico come la Rai poteva accettarla o proporla a soggetti terzi e, in particolare, come alcuni prodotti televisivi molto caratterizzati potessero trovare sponsor interessati.

Il calcio fu in qualche modo determinante?
Direi di sì. Livi mi raccontò dell'esperimento che stava facendo con la Nazionale, che dopo la vittoria del Mondiale in Spagna nel 1982 godeva di una popolarità immensa. In pratica, mi parlò di due nuove sigle di apertura e chiusura da inserire in tutte le dirette Rai per le partite dell'Italia nel biennio 1984-86, dalle amichevoli ai Mondiali in Messico, sigle realizzate in computer graphic che la Sipra avrebbe offerto a ogni singolo sponsor ufficiale della Federcalcio come contenitore dei loro loghi. Adesso sembra scontato, ma all'epoca non si era mai fatto.

Risultato?
Eccellente. Dopo la presentazione al dg Agnes, che aveva dato pieni poteri a Livi, l'apprezzamento dei vertici Sipra e Sacis e la velocissima approvazione, l'adesione dei partner commerciali fu totale. Tant'è vero che in uno degli incontri successivi chiesi a Livi come gli sponsor avrebbero potuto investire nel mondo dello spettacolo.

E come rispose?
Che ci stava pensando, intanto aggiunse che presto mi avrebbe presentato il consulente a capo del progetto di queste nuove sigle per gli sponsor della Federcalcio, Riccardo Corato, professionista della comunicazione che conosceva a fondo il mercato internazionale, cioè quei soggetti imprenditoriali che, investendo risorse importanti, avrebbero potuto fare squadra con noi. Senza di lui quella rivoluzione di cui parlavo molto probabilmente non ci sarebbe mai stata. Uso questa parola perché grazie alla musica la Rai si inserì in un sistema internazionale con il quale fu possibile comunicare ai telespettatori il linguaggio della contemporaneità, almeno per quanto riguarda il target giovani. Cosa che prima non era mai stata fatta.

Il primo passo?
Tutto si svolse su tre grandi linee: l'informazione musicale, i grandi concerti in diretta, compresi gli eventi per papa Giovanni Paolo II, e gli speciali.

Di cosa parliamo?
Di spettacoli che hanno fatto la storia della tv ma anche del costume: il concerto di Madonna del 4 settembre 1987, allo stadio Comunale di Torino, fu trasmesso in diretta in Italia, Francia, Germania Ovest (il Muro di Berlino sarebbe caduto il 9 novembre 1989, nda), Olanda e Australia. Solo da noi fu visto da più di 14 milioni di telespettatori. Le parole di saluto di Madonna appena arrivata sul palco, «Ciao Italia. Siete già caldi? Anch'io», con l'accento sulla «a», sono rimaste nella memoria collettiva. Fu un autentico big bang. Da allora cambiò tutto.

Tutto questo un mese prima del debutto del Fantastico *di Celentano?*
Sì, esatto. Per me fu un anno pazzesco. Di sicuro non mi annoiai. Fu un successo senza precedenti che in questo ambito mi spianò la strada in azienda e diede il via a tanti altri progetti straordinari, che si fecero grazie anche alla copertura totale garantita da Carlo Livi, il padre di questa svolta. Per un decennio, dopo l'exploit Madonna, l'asse Rai1, Sacis e Granada Tv, il nostro partner inglese, firmò eventi che fecero in concreto la storia della tv italiana e internazionale grazie al sostegno prezioso di grandi sponsor come Coca-Cola, Enel, Stet, Pioneer e altri. Sia chiaro: li nomino perché furono davvero decisivi, non perché debba loro qualcosa.

Lo sottolinei perché qualcuno ne approfittò?
Non posso escluderlo, ahimè.

Come arrivaste a Madonna?
Corato e io riuscimmo a chiudere quell'evento dopo una complessa tessitura di relazioni internazionali di natura creativa, produttiva e manageriale che durò più di due anni. Nell'estate del 1984, non ero ancora capostruttura, facemmo la diretta tv del *Viaggio a Reims*, prodotto dal Rossini Opera Festival di Pesaro, con un cast stellare: Claudio Abbado direttore d'orchestra, Luca Ronconi regista, Gae Aulenti responsabile di scene e costumi. Come biglietto da visita fu eccezionale. Poi facemmo una miniserie, *Turbostar*, una prima serata dedicata al decennale di Enzo Bearzot come ct della Nazionale campione del mondo in Spagna e il concerto di Frank Sinatra al PalaTrussardi di Milano, che ricordo per una trattativa breve ma ruvida.

Con chi?
Il manager di Sinatra, un avvocato newyorkese, di nome – potrei sbagliarmi – Frank Givell. Il giorno stesso del concerto, il 27 settembre 1986, Agnes mi chiamò direttamente dalla macchina aziendale – i telefonini all'epoca erano solo a bordo delle auto di pezzi molto grossi – per chiedermi quattro biglietti in prima fila: «Mi raccomando, Mario. Per me è molto importante». Erano le 10.20. Non avevo tempo e chiesi subito al promoter italiano dell'evento, il mitico e navigatissimo Pierquinto Cariaggi, di risolvere il problema. Niente da fare. Le prime due file erano gestite direttamente dal legale di Sinatra, mi disse. «E a occuparle tutte,» aggiunse «c'è gente come Gianni Agnelli, l'Aga Khan, Bettino Craxi, Silvio Berlusconi, Nicola Trussardi, Roger Moore, Liza Minnelli, il sindaco di Milano Carlo Tognoli...». A Cariaggi dissi che io avevo mille cose da fare e lui doveva trovare subito una soluzione: si rifiutò di farlo.

E perché?
Si era già scontrato con il tipo, uomo duro, determinato e per niente disponibile. «È uno stronzo, Mario» disse senza girarci intorno.

E quindi, la tua mossa quale fu?
Non avevo tempo da perdere. Chiesi un appuntamento a un collaboratore del manager, che me lo fissò a Milano alle dodici in una saletta del Principe di Savoia, lo stesso albergo a cinque stelle di Sinatra, del suo staff e mio. Presi la stanza lì perché quando si ha a che fare con una star – questo consiglio prezioso me lo diede anni prima il regista Luigi Martelli – bisogna sempre alloggiare nel suo stesso hotel

per essere in tutto e per tutto una controparte all'altezza. Andai al suo piano e bussai alla porta ma nessuno rispose. Aspettai qualche secondo e ci riprovai. Dopo un paio di minuti qualcuno finalmente aprì la porta, entrai e salutai subito mentre l'avvocato, seduto davanti a un'enorme scrivania, ricambiò facendo solo un cenno con la mano senza neanche alzarsi. Andai dritto al punto: «Il mio direttore generale ha bisogno di quattro posti in prima fila». Il tizio – sui cinquant'anni, basso, magrolino, occhi piccoli ma di ghiaccio, e capelli neri, forse tinti – rimase al suo posto e iniziò a fissarmi. Il colloquio si svolse in inglese, e il mio era ed è scolastico, però mi feci capire molto bene: «Dobbiamo trovarli». Il tipo era davvero insopportabile, mi incazzai come raramente mi è successo. Per me diventò una questione anche di principio. Mi accolse a brutto muso: «Il problema è impossibile da risolvere. Si rassegni». «Non ci penso proprio. Sono venuto qui per trovare una soluzione.»

«Che io non ho. Per il suo direttore generale c'è la seconda fila. Dove alloggerà?»

«In questo hotel. E sarà qui da un momento all'altro. Ha preso un aereo da Roma.»

«Bene. Mi dispiace, ma dovrà accettare una sistemazione diversa da quella che chiede.»

«Non è possibile. E lei sa già il perché: i biglietti che le chiedo sono per il direttore generale dell'azienda che trasmetterà in diretta il concerto.»

«Se lo mettiamo in prima fila di quanti punti sale l'ascolto?»

«Mi stia a sentire: non stiamo parlando di questo, ma di prestigio per il nostro network.»

«La sua richiesta è arrivata troppo tardi. C'è il sold out con novemila spettatori paganti e c'è ancora tanta gente molto importante che vuole venire allo show. In prima fila ci sarà anche il vostro presidente del Consiglio, Bettino Craxi, con alcuni suoi amici.» «Appunto. Lui è socialista e il mio direttore generale è democristiano. Lei queste cose non può capirle, ma è anche per questo motivo che deve tirare fuori i quattro posti lì dove glieli chiedo. La richiesta è arrivata tardi, è vero, ma solo perché il direttore è riuscito a liberarsi all'ultimo momento.»

«Mi dispiace, le farò sapere.»

«Non ha capito: la soluzione deve trovarla adesso. Non me ne vado senza quei biglietti.»

«C'è la seconda fila.»

«Ci vuole la prima fila. Il direttore nel "deal", il contratto fra di noi, è un nome molto importante. E lei lo sa bene. Sto parlando di soldi, avvocato.»

«Aspetti, lei è un uomo fortunato. Guardi qui cosa ho trovato (apre un cassetto e tira fuori i quattro biglietti in prima fila che – ne sono sicuro – erano pronti fin dal primo minuto. Ci aveva solo provato, forse pensava che mi sarei accontentato).»

«Bene. Tutto risolto. Grazie. Non le ho detto che il direttore generale ha invitato mister Sinatra, la moglie e pochi amici a un grande ricevimento in Galleria dopo il concerto. Vuole che le tenga un posto?» Il tipo fece un sorriso, alzò leggermente la testa e poi mi salutò: «See you later».

Come andò con il programma dei due Rolling Stones?
Nella fase preparatoria, nel periodo giugno-luglio 1987, facemmo un test per verificare l'efficacia creativa e produt-

tiva dei soci internazionali con la messa in onda di *Estate Rock*, trenta puntate realizzate insieme alla Medialab di Londra. Come conduttori riuscimmo a imbarcare addirittura Bill Wyman e Ron Wood, bassista e chitarrista dei Rolling Stones (il primo poi uscì dalla band nel 1993, nda). Avere loro due fu un colpo formidabile per un contenitore italiano di informazione musicale, che poi dal 1988 al 1994 divenne *Notte Rock*, e fra gli autori aveva anche l'ottimo e generosissimo Ernesto Assante (storica firma musicale di «Repubblica», è morto il 26 febbraio 2024, nda), mentre nel 1989 arrivò *Tamtam Village* e dal 1988 al 2002 anche *Taratatà*. Determinante per la buona riuscita di tutte queste produzioni fu un giornalista unico nel suo genere, professionista di cuore che non badava tanto alla sua immagine ma al risultato: Cesare Pierleoni dell'Agi. Per costruire i nostri sogni lo vedevo quasi tutti i giorni, spesso con Agnes, e così imparai ad apprezzare la qualità del suo lavoro. A lui poi chiesi anche di organizzare il mio primo incontro con Enzo Mirigliani, storico patron di Miss Italia, che lui conosceva e io no.

Andò bene, giusto?
Sì. All'epoca il concorso andava in onda su Canale5 ed era inguardabile. Io ero molto perplesso, ma la Sipra ci teneva tanto perché molto ambito dagli sponsor e così cominciammo a trattare. Chiudemmo in fretta. La mia prima decisione fu affidare la conduzione a un personaggio noto e rassicurante: Fabrizio Frizzi. Bravo, educato e allegro. Il grandissimo successo di Miss Italia è in gran parte suo, che guidò le edizioni dal 1988 al 2002.

Quelle con le famigerate domande alle miss sulla fame nel mondo...
Provai a legare la manifestazione ai temi della contemporaneità per evitare che si parlasse solo delle ambizioni delle ragazze, quasi sempre le stesse: il cinema, la moda, la tv... L'idea funzionò, anche se ovviamente certe banalità ripetute a pappagallo dalle ragazze tramortirono anche me. Miss Italia andò in onda per venticinque edizioni consecutive fino al 2013, tredici anni dopo la fine del mio servizio attivo in Rai, ma lo schema che puntava solo sulla bellezza effimera dissolse quella formula vincente. Adesso va solo in streaming, nel 2023 l'ha messo online anche la Rai. Insomma, è finito.

Torniamo a Madonna: prima del concerto cosa organizzaste?
Quell'estate del 1987 proseguimmo a sperimentare con Umbria Jazz, allestendo l'11 luglio la diretta dallo stadio Curi di Perugia del live di Sting con l'orchestra di Gil Evans. Un progetto bellissimo e di successo. Ormai eravamo pronti al grande salto. Che facemmo con Madonna, come ho già detto, il 4 settembre 1987. Impresa che non fu facilissimo chiudere, ovviamente.

¶

Riccardo Maria Corato, vicentino, 76 anni, laureato in Filosofia, produttore di eventi musicali e audiovisivi, ex sindacalista, pubblicitario e comunicatore, dal 1981 al 2001 è stato alla guida di Network International, società specializzata in strategie di comunicazione integrata basate sull'organizzazione, sponsorizzazione e promozione di eventi culturali, sociali, musicali e sportivi. Si è occupato dei Mondiali di calcio nel 1982 e 1986, dell'avventura di *Azzurra* nell'America's Cup di Newport nel 1983, del tour europeo dei Rolling Stones nel 1982, e anche di Campionati mondiali di atletica leggera, Coppa Davis, Formula 1 etc. Insomma, un professionista a 360 gradi che in carriera ha fatto praticamente di tutto. Sempre con successo, in Italia e all'estero. Corato ha anche insegnato all'Università di Roma, dove ha sperimentato un nuovo metodo pedagogico chiamato «Produzioni come lezioni», e ora si occupa di comunicazione e salute mentale, e di conservazione del patrimonio culturale e della memoria sociale.

> Riccardo Mario Corato: «La trattativa per il concerto di Madonna fu molto complicata. Mi aiutò David Zard, che alla fine fu il produttore locale della data torinese. Prima, venne due volte con me a New York per parlare con il manager e gli avvocati di Madonna e in entrambi i casi tornammo a casa senza l'accordo: volevano due milioni di dollari. Noi potevamo spenderne la metà. Al terzo appuntamento, sempre a New York, David mi diede una straordinaria lezione sulla gestione delle trattative d'affari. Il manager di Madonna non voleva saperne di abbassare la cifra e così David all'improvviso mi disse: "Prendi le carte e andiamocene. La trattativa finisce qui. Alzati". Io gli rispondo subito: "Sei impazzito? In Italia è ormai tutto avviato, questo concerto dobbiamo portarlo a casa. Maffucci lo sta aspettando". E lui: "Vieni via e non fare il coglione. Tu gli ebrei non li conosci, a un certo

punto devi fare lo stronzo e dare di matto. E giocartela fino in fondo. Io sono ebreo, il tipo di Madonna è ebreo. Fidati. Adesso urliamo un po' – comincio io e dopo qualche secondo tu mi vieni dietro – diciamo una parolaccia, poi ci alziamo e ce ne andiamo con la faccia incazzata. Senza mai girarsi". Abbozzai e feci come voleva lui, per me una cosa completamente inedita: nei negoziati cercavo sempre un punto di incontro. Uscendo Zard aggiunse: "Adesso dobbiamo soltanto aspettare. Anche lui deve chiudere l'affare e un altro interlocutore, arrivati a questo punto, non lo trova". Dieci giorni dopo a Londra, dove ero alle prese con altre produzioni, arrivò nel mio ufficio la telefonata del manager di Madonna. Disse che solo per quella volta ci sarebbe venuto incontro... L'affare era fatto per un milione di dollari. Fu un successo straordinario, mai si era fatto un concerto in tv con un seguito di pubblico così importante. Ricordo allo stadio, seduto vicino a me e Maffucci, un Giorgio Armani entusiasta per quello che stava vedendo e ascoltando ("Signori, una cosa del genere in Italia non è mai stata messa in scena. Sono qui per imparare. Madonna comunica in maniera completamente nuova e voglio assolutamente capirne il senso").

«Da allora fu tutto più semplice e mese dopo mese capii meglio la natura del rapporto di Carlo Livi con Mario Maffucci e le ragioni della sua fiducia nelle nostre diverse ma complementari capacità. Nei suoi piani Mario si sarebbe occupato della realizzazione progettuale all'interno della Rai, a me spettava il compito di costruire una rete internazionale di sostegno creativo e produttivo con gli sponsor. Maffucci possedeva non solo una chiara visione strategica ma era anche un grande tattico. Non perdeva mai di vista il risultato e, come d'incanto, sapeva risolvere tutti i complessi problemi burocratici e gli innumerevoli conflitti che di volta in volta nascevano nella grande azienda. Qualche anno dopo, a Londra, parlando di lui con alcuni partner internazionali, per definirlo usammo tutti l'espressione "The magic touch man" (l'Uomo dal tocco magico) per sottolineare che, nella stragrande maggioranza dei progetti, lui riusciva ad assicurare sempre la presenza e la copertura del network. Quante volte io e i vari interlocutori siamo andati avanti senza le necessarie garanzie contrattuali ma fidandoci solo della sua capacità di gestione dei rapporti interni di una realtà estremamente complessa come quella della Rai. Realizzai anche che a supportarlo c'era il dg Biagio Agnes, uomo dalle idee chiarissime sulla missione del servizio pubblico: doveva mantenere la leadership assoluta nell'informazione, nella cultura e nell'intrattenimento – grazie anche a un sapiente ricorso al mercato internazionale – in un momento storico difficile causato dalla politica sempre più aggressiva e spregiudicata della televisione commerciale. Il progetto grandi eventi di Rai1 andava perciò inquadrato in tale contesto: era estremamente serio e rappresentava una sfida notevole per tutti noi».

Mario, dopo Madonna cosa accadde?
Di tutto. Nel 1988 facemmo la diretta del concerto di Prince alla Westfalen Allen di Dortmund, in Germania. E il 15 luglio 1989, festa del Redentore, a Venezia organizzammo l'incredibile live dei Pink Floyd, che si esibirono su un palco galleggiante allestito nel bacino di San Marco, di fronte al Palazzo Ducale. A vederlo sulle rive e sulle centinaia di imbarcazioni in acqua, gratuitamente, furono circa duecentomila persone. Lo show trasmesso in diretta in mondovisione fu visto da un pubblico di circa 100 milioni di telespettatori. A noi il loro cachet costò 900 milioni di lire.

Quell'evento mise sottosopra la città: pentito di aver scelto quella location?
Onestamente no. Fu un evento straordinario, di rara bellezza ed emotività, anche se la band si esibì per soli novanta minuti con una scaletta ridotta a 14 canzoni al posto delle 23 scelte solitamente per il loro *A Momentary Lapse of Reason Tour* (quello di Venezia fu il penultimo concerto di quella tournée, nda). È sicuramente vero che all'epoca la città non era preparata per gestire un evento di quella portata. E nei mesi che precedettero l'evento, organizzato in loco dal promoter veneziano Fran Tomasi, ci furono mille polemiche pro e contro.

Il vicepremier dell'epoca, il socialista Gianni De Michelis, era favorevole, giusto?
Sì. Lui oltre a essere un appassionato di musica (nel 1988 pubblicò addirittura il libro *Dove andiamo a ballare questa sera? Guida a 250 discoteche italiane*, prefazione di

Gerry Scotti, nda), aveva in mente di candidare Venezia, la sua città, come sede per l'Expo 2000. Io, personalmente, se dovessi rifare adesso un concerto simile, mi porrei innanzitutto il problema della salvaguardia dei beni artistici, che comunque non furono minimamente interessati, tranne un'unica scritta su un anonimo muro, e poi mi occuperei in maniera accuratissima della sicurezza e dei servizi. Il Comune, in sciopero proprio quel giorno, non garantì la presenza di bagni chimici per il pubblico né una successiva raccolta straordinaria dei rifiuti, che ovviamente sommersero la città per giorni. Grazie a Dio, per il resto andò tutto bene.

E dopo, cos'altro mandaste in onda?
Non ci fermammo più. Nel 1990 iniziammo a seguire il Concertone del Primo Maggio da piazza San Giovanni a Roma, il live degli U2 da Dublino con Paolo Zaccagnini del «Messaggero», e l'evento per il Telefono Azzurro dal Teatro cinque di Cinecittà con Lucio Dalla, Fabrizio De André, Paolo Conte, Francesco Guccini, Pino Daniele e Ivano Fossati. Nello stesso anno trasmettemmo anche lo spettacolo *Una sera con il re degli ignoranti*, con Adriano Celentano intervistato da Enzo Biagi, dal 1990 al 1994 ci collegammo da Londra con l'International Rock Awards, nel 1994 dalla capitale inglese facemmo il bis con i Pink Floyd per il loro live *The Dark side of the moon*, nel 1997 organizzammo il grande concerto per il Congresso Eucaristico della Cei a Bologna con Giovanni Paolo II e Bob Dylan, Celentano, Andrea Bocelli, Michel Petrucciani, Lucio Dalla e Gianni Morandi.

Un evento per certi aspetti storico, o no?
Assolutamente sì. Quella giornata di fede e musica sancì un sorprendente e sacrosanto abbraccio fra artisti rock e Chiesa cattolica. Vedere Bob Dylan e papa Wojtyla sullo stesso palco è stato un po' come vedere due mondi, a lungo anche molto distanti, ritrovarsi finalmente in armonia. Insomma, mandammo in onda di tutto, compresi – dal 1995 al 1997 – il Summit dell'economia di Napoli e nel 1998 *The giants of rock and roll* in diretta dal Palaeur, show condotto da Renzo Arbore, con Ray Charles, Bo Diddley, BB King, Little Richard, Jerry Lee Lewis e tanti altri. Per la musica in tv la Rai era diventata un importante riferimento internazionale. Peccato non aver capito al massimo livello dirigenziale che la quadratura del cerchio l'avremmo avuta se fossimo entrati nel mercato delle *royalties* sui diritti derivati dagli eventi. In quel modo, diventando anche editore di quello che produceva e trasmetteva, la Rai sarebbe entrata a pieno titolo in un mercato ricchissimo che di fatto l'avrebbe rapidamente trasformata in un gigante internazionale dell'audiovisivo.

Spiegati meglio.
Se non fossero stati fatti dei clamorosi errori di valutazione industriale, la Rai da un certo momento in poi avrebbe potuto incassare percentuali sulle vendite di cd, dvd e video registrati durante i concerti e gli spettacoli che produceva, riprendeva e mandava in onda. In futuro questa sarebbe diventata una delle principali forme di finanziamento aziendale garantendo, come tutti gli asset, ricavi e flussi di cassa prolungati nel tempo. Qualcuno in Rai non lo capì, neanche volle parlarne, e di fatto lo impedì con

scelte assurde e ridicole. Se le cose fossero andate diversamente, adesso molto probabilmente la Rai sarebbe un'altra azienda. Un'azienda migliore, più forte e dinamica. Lo stop definitivo arrivò due mesi prima di un evento storico: il Concerto dei Tre Tenori. Il megashow con Luciano Pavarotti, Placido Domingo e José Carreras, che si tenne il 7 luglio 1990 alle Terme di Caracalla, a Roma, alla vigilia della finale dei Mondiali di calcio organizzati in Italia. Chiedi a Corato di raccontarti come andò quella follia. Io ancora oggi faccio fatica a parlarne.

¶

Riccardo Mario Corato: «Negoziare e ripartire i diritti d'autore e il copyright non è un processo semplice e veloce. Se nel 1987, con il live di Madonna, era sicuramente troppo presto, l'occasione giusta per la Rai arrivò nel 1990 con il Concerto dei Tre Tenori a Caracalla. Quando a maggio cominciai a occuparmi dell'evento, contattai subito Mario per dirgli che, nonostante l'ottimo lavoro svolto dalla Sacis con le tv europee – Tf1 e Antenne 2 in Francia, Tve in Spagna, Ard-Zdf in Germania e le altre – per la copertura dell'evento mancava ancora un milione e mezzo di dollari. Il contributo di Rai1 alla realizzazione dell'evento fu in quell'occasione straordinario, "invaluable", come dicono nel linguaggio del business gli angloamericani. Viale Mazzini pagava il cachet dei tre artisti, 4,5 milioni di dollari – 1,5 a testa a Pavarotti, Domingo, Carreras – la location, le spese di allestimento, la distribuzione in diretta in tutto il mondo. Avevamo la disponibilità dei diritti televisivi mondiali, esclusa l'Europa, che in pratica all'epoca voleva dire avere solo due mercati importanti: Stati Uniti e Giappone. Greg Roselli, nostro storico partner a Londra, mi fece subito presente che mancava un mese e mezzo e – secondo lui – trovare sul mercato extraeuropeo così tanti soldi in un lasso di tempo così breve era praticamente impossibile.

«Fu così che parlai a Maffucci del mio piano sui diritti derivati. Mai come in questo caso avevamo la possibilità più che giustificata di portare a casa una percentuale sulle vendite dell'home video del Concerto dei Tre Tenori. Farlo ci avrebbe consentito di trovare finanziatori disponibili a rischiare sui futuri profitti e avrebbe, al tempo stesso, permesso a Rai1 di compiere una svolta importante in termini di status: non essere più vista solo come principale realtà pagante del mercato televisivo italiano, ma muoversi in concreto per diventare un reale coproduttore internazionale nell'industria dell'entertainment.

«Mario mi tempestò di domande e fu completamente d'accordo con la mia ipotesi di lavoro. Così contattai a Londra Patrick Nally, ideatore e pioniere del marketing dei grandi eventi dello sport, che subito comprese le potenzialità del progetto e in pochi giorni fece avere alla Sacis una lettera di garanzia – subject to contract – per la cifra che ci mancava, 1,5 milioni di dollari. Avevamo tutto, ma in realtà non avevamo fatto i conti con certe logiche aziendali per certi aspetti imprevedibili, se non proprio folli, che soggette alle regole della politica fanno in modo che uomini non proprio all'altezza della situazione siano messi in condizione di determinare in maniera estremamente negativa il futuro stesso della società.

«A quei tempi Rai1 era guidata da Carlo Fuscagni (1933-2022), giornalista di lungo corso Rai che nel 1980 – per un anno – era stato perfino direttore generale del nascente polo televisivo di Berlusconi. Rientrato a Viale Mazzini nel 1981, fu nominato direttore di Rai1 nel 1988. Aveva capito le enormi potenzialità in termini di ritorno di immagine del Concerto dei Tre Tenori e chiese di essere costantemente aggiornato su tutto. Bene, anzi male. Voleva che l'intero progetto portasse la sua firma.

«Nel corso di una riunione plenaria e decisiva, presenti rappresentanti di Rai1, Sacis e Decca, la casa discografica del gruppo multinazionale Polygram, che avrebbe solo curato la produzione audio e video dell'evento ma era proprietaria del copyright degli artisti, pensando di fare gli interessi dell'azienda provai a sollevare la questione delle royalties da ripartire fra Rai1 ed eventuali altri coproduttori finanziatori dell'evento. Fuscagni mi bloccò quasi subito. Forse in buona fede, questo non posso saperlo, sicuramente con un misto di bonomia, sufficienza e incompetenza, davanti a tutti disse: "Noi siamo la Rai, Corato, non ci interessano i diritti discografici, non è quello il nostro mestiere. Noi siamo il servizio pubblico italiano. Chiudiamo qui la questione, per favore. Nessuno di noi ha tempo da perdere con queste chiacchiere inutili". Per ovvie ragioni di disciplina e rispetto dei ruoli e dell'istituzione Rai, non replicai, ma quella presa di posizione così netta, che non lasciava spazio a ripensamenti di alcun tipo, fu catastrofica sia dal punto di vista degli interessi in gioco in quel momento sia di quelli strategici. Io e Mario Maffucci avevamo lavorato così a lungo e duramente per raggiungere quegli accordi e ora la Rai decideva di rinunciare senza motivo a entrate ricche e sostanziose e soprattutto a sedersi al tavolo dei grandi produttori di contenuti audiovisivi. Il Concerto dei Tre Tenori, solo nel primo anno di vendite di cd e dvd, quindi dal 1990 al 1991, fruttò alla Polygram quasi 100 milioni di dollari di ricavi. Da allora i prodotti dell'evento sono rimasti per anni nelle classifiche mondiali dei best seller di settore. La Rai, dopo aver pagato tutto tranne le spese per le riprese audio e video – quindi parliamo di una decina di miliardi di lire – trasmise solo la diretta e una replica entro 30 giorni. Tutto qui. Non aveva il diritto di fare altro. Fu un errore clamoroso e imperdonabile. Bissato lo stesso anno dalla direzione generale quando decise di coprire con la diretta il Concertone del Primo Maggio, ma di non trattare con Cgil, Cisl e Uil i diritti di comproprietà. Insomma, in termini di visione aziendale, quindi di futuro, un disastro dopo l'altro».

Il flop e le telefonate strategiche di Berlusconi

Mario, fin qui tutto bene: parliamo dei fallimenti?
Certo. Non mi imbarazza affrontarli.

Comincia.
Gli insuccessi in quella fase molto delicata che portò la Rai dal «grande show» al «game show», quindi dal 1988 al 1991, furono più di uno. Alcuni tutti a mio carico, altri meno, ma comunque sempre difficili da mandar giù, anche se poi i flop danno sempre straordinarie lezioni, di vita e no. Innanzitutto va detto che la critica dopo l'uragano Celentano si era espressa in maniera più o meno compatta e inequivocabile: con quello che Adriano aveva messo in scena a *Fantastico 8* il varietà in Italia non sarebbe mai più stato lo stesso. Non fu così, ovviamente. Altri come Adriano, o perlomeno simili a lui, non c'erano, ma in compenso c'era Silvio Berlusconi che si faceva vedere e sentire: la sua presenza – disponendo di tanti soldi – aveva cambiato tutte le regole.

Come?
Semplice. Arruolando i più bravi fra gli autori, i coreografi, gli scenografi e i tecnici di ogni tipo, aveva alterato per sempre gli equilibri di mercato. Se prima noi pagavamo un artista dieci, adesso dovevamo trattare sapendo che dall'altra parte il Cavaliere gli avrebbe potuto dare anche cento. Ricordo benissimo la prima volta che questo mi fu evidente: Ornella Vanoni disse di no a Rai1 per una canzone che avrebbe dovuto interpretare a *Fantastico* – edizione numero sette, mi sembra, quindi nel 1986 – perché Canale5 le aveva offerto 80 milioni di lire per fare la stessa cosa. Loro 80, noi 8.

Il Cavaliere vi tolse il sonno.
Sì, la sua fu una concorrenza spietata. Nonostante questo, organizzammo nel 1988 un buon *Fantastico 9* con Enrico Montesano (50.3 di share, per una media di 11 milioni 352 mila spettatori), che assieme ad Anna Oxa fece uno show tradizionale ma pieno di energia e battute (a scriverle c'era quel fenomeno di Enrico Vaime). Il declino cominciò nell'edizione del 1989 con Massimo Ranieri e, ancora una volta, Anna Oxa (39.3 di share, per 8 milioni 565 mila); nel 1990 si arrestò un po' con *Fantastico '90* di Pippo Baudo (40.6 di share, per 9 milioni 388 mila) e crollò nel 1991 con Johnny Dorelli e Raffaella Carrà (34.3 di share, per 7 milioni 843 mila). Arrivati a quel punto il pubblico di Rai1 a tutto pensava tranne che la nostra offerta di spettacolo per il sabato sera avesse a che fare con *Fantastico*. Bisognava abbandonare quella formula e darsi da fare per trovare nuove soluzioni. Tra l'altro Corrado, il nostro competitor diretto, con la sua *Corrida* su Canale5 andava benissimo.

Chi aveva scelto la coppia Dorelli-Carrà?
Giovanni Salvi, nel frattempo diventato vicedirettore generale della Rai, il quale sbagliò clamorosamente la valutazione della coppia. I due non si capivano in alcun modo ed erano troppo competitivi, non si aiutavano e non ci provavano nemmeno. Anzi, detestandosi, si ostacolavano sempre e comunque. Il conto arrivò subito: gli ascolti del classico varietà del sabato sera di Rai1 crollarono. Dorelli addirittura per tre puntate su quattordici non si presentò.

E quindi?
Ormai non c'erano più dubbi: bisognava cambiare schema e tornare a rischiare. Era chiaro a tutti che eravamo sempre più in difficoltà a impostare uno spettacolo con quelle caratteristiche eccezionali che per anni avevamo garantito al pubblico. Lo sottolineo ricordando che *Fantastico* nacque proprio per cercare di recuperare il successo straordinario di *Canzonissima* (dodici edizioni dal 1958 al 1972, nda). Il flop senza appello di Johnny Dorelli e Raffaella Carrà ci diceva chiaramente che dovevamo passare ad altro. Fare punto e a capo senza esitare.

E come arrivasti a puntare su Guardì?
Michele aveva preso, sperimentato e adattato un nuovo format tedesco, *Wetten, dass...?* che, miscelando giochi e momenti di spettacolo, in Germania faceva risultati record (è andato in onda con ascolti sempre ottimi dal 1981 al 2014, nda). Visto che avevo seguito tutto il percorso nei dettagli, insieme a Guardì lo aggiustai ancora un po' per poi presentarlo ai vertici aziendali. Piacque subito. E così la prima puntata di *Scommettiamo che?* andò in onda sa-

bato 13 aprile 1991. In scaletta c'erano stravaganti prove di abilità sulle quali scommettere – tipo autisti di furgoni impegnati in retromarcia a fare slalom fra i bicchieri, raccoglitori di palline da tennis in un tubo trasparente senza mai usare le mani, corridori all'indietro lungo percorsi di 800 metri... – e momenti di spettacolo tradizionale.

Chi presentava?
Una coppia perfetta: Fabrizio Frizzi e Milly Carlucci. Tutto funzionò bene grazie al sorprendente affiatamento fra loro due, che nel tempio dello spettacolo televisivo di Rai1 – il Teatro delle Vittorie di Roma – riuscirono a creare un clima sereno e coinvolgente che arrivava con naturalezza ai partecipanti e al pubblico in studio e a casa. Un successo in crescendo che dalla terza edizione, quella in onda dal 3 ottobre 1992 al 6 gennaio 1993, portò *Scommettiamo che?* a essere abbinato alla Lotteria Italia, una sorta di medaglia a garanzia della riuscita e della popolarità del programma. Gli ascolti furono sempre tra gli 8 e i 9 milioni di spettatori.

Quante edizioni furono fatte?
Sei. E la stagione 1995-96 fu eccezionale per vari motivi.

A cosa ti riferisci?
Lo spettacolo di sabato 4 novembre 1995 fu interrotto da un'edizione straordinaria del Tg1 che annunciò l'attentato mortale al primo ministro israeliano Yitzhak Rabin, attivissimo da sempre per cercare una soluzione pacifica e giusta al conflitto israelo-palestinese. Dopo un minuto di silenzio, seguito da una nuova edizione straordinaria, Friz-

zi annunciò che, per decisione dei vertici Rai, si riteneva opportuno interrompere lo show. Altrettanto fece Canale5 con la *Corrida* di Corrado.

Hai detto che fu un'edizione eccezionale per vari motivi: gli altri quali furono?
Alla fine gli ascolti furono deludenti. Dopo l'ultima puntata del 6 gennaio 1996 decidemmo di fermarci per almeno un paio di anni. Si fece subito avanti Enrico Montesano, che si era da poco dimesso da europarlamentare del PdS, il Partito Democratico della Sinistra, cosa che fece addirittura prima di maturare il vitalizio. A quei tempi una rarità. Chiese e ottenne dal direttore di Rai1, Giovanni Tantillo, da sempre sensibile alle richieste della sinistra, l'incarico per il sabato sera. Onestamente avrei dovuto capire che la soluzione sarebbe stata un fallimento quando Montesano in persona mi fece sapere che lo show si sarebbe chiamato *Fantastico Enrico*. Mi opposi perché mi sembrava davvero troppo.

Alla fine, però, si chiamò proprio così: perché?
Si impuntò lui e chi per lui, la Rai è fatta così, e io lasciai fare per non partire con il piede sbagliato. In fondo il suo *Fantastico 9* del 1988, quello successivo all'exploit Celentano, aveva dato buoni risultati, come lo stesso Tantillo mi ricordò spesso dopo aver definito il contratto con Montesano. E poi Enrico Vaime, come autore di riferimento, rappresentava una garanzia. Fu un'altra cazzata. Non realizzai che il pubblico di Rai1, per quanto tradizionale, si aspettava finalmente qualcosa di fresco, vivace e contemporaneo. Montesano, Vaime, Castellano e Pipolo ma an-

che Ivano Balducci e il regista Giancarlo Nicotra non furono capaci di trasmettere niente di tutto questo. Anzi, fu un disastro: per tutto il tempo si ebbe la netta sensazione di avere a che fare con qualcosa di già visto. Sembrava un viaggio nel passato, era cambiato tutto. Tranne il debutto del 4 ottobre, finimmo sempre battuti da Corrado su Canale5. Ma non è tutto: dopo cinque puntate, Montesano incredibilmente si ritirò.

Poteva farlo?
Lo fece. E alla fine meglio così: riuscimmo a trovare un accordo consensuale e per evitare la catastrofe chiedemmo a Giancarlo Magalli e Milly Carlucci di salvare il salvabile e chiudere con loro la stagione. Guadagnammo ascolti, ma andammo sempre sotto la concorrenza. La lunga e quasi sempre fortunata avventura di *Fantastico* finì quell'anno. Non si sarebbe più fatto.

Ai tempi di Scommettiamo che?, *nel 1995, ci fu anche il flop di* Ruvido Show*: progetto troppo sperimentale?*
Sì. Rischiai con una formula davvero innovativa, ma feci troppi errori di valutazione. Brando Giordani, che all'epoca era il direttore di Rai1 (rimase in sella dal 17 settembre 1994 al 14 agosto 1996, nda) era molto più aperto del predecessore Carlo Fuscagni, più interessato a provare nuove proposte, così accettò con simpatia il progetto *Ruvido Show* che gli proposi per otto settimane.

L'idea portante qual era?
Sostituire o alternare i grandi beniamini comici del pubblico, quelli di lungo corso, con un cast completamente

nuovo. Dare spazio a una generazione diversa, prospettiva che mi stuzzicava moltissimo. Lo sbaglio più grave che feci, però, fu di mettere troppe cose nuove insieme: cast, location, autori e regia. Portai a casa una lezione molto semplice e chiara: è esaltante e giusto provare nuove idee e linguaggi, ma lo si può fare solo se ci sono valide certezze. Uno o più punti di forza. Solo novità destabilizzano e senza alcuna protezione fanno una brutta fine.

Dove si fece?
Nei locali dello storico e popolare Cabaret di Bologna, che si rivelò completamente inadeguato: non aveva le dimensioni per riprese comode, pratiche e professionali. Il regista Francesco Vicario era in gamba, ma non aveva certo l'esperienza e l'abilità del fratello Stefano (uno che ha diretto da *Bim Bum Bam* a *Il pranzo è servito*, *La sai l'ultima?*, *La corrida*, *Passaparola*, *Lo show dei record*, *I migliori anni*, *I Cesaroni*, decine di *Festival di Sanremo* etc, nda). Gli autori Francesco Freyrie e Daniele Sala, apprezzati nel loro piccolo circuito, non avevano la sensibilità adatta per entrare in sintonia con il grande pubblico di Rai1, cosa che purtroppo misi a fuoco troppo tardi. E infine l'errore più grande: fra gli artisti mancava il fuoriclasse riconosciuto, il personaggio garanzia, quello che tiene la gente incollata davanti alla tv e porta comunque a casa il risultato.

Chi conduceva?
Enzo Iacchetti. Nella squadra dei comici c'erano Giobbe Covatta, Gioele Dix, Paolo Cevoli, Caterina Sylos Labini, Ennio Marchetto, Stefano Sarcinelli, Roberto Malan-

drino. Tutti simpatici e più o meno di talento, ma troppo di nicchia. Il pubblico di Rai1, che ha sempre avuto la caratteristica di apprezzare la tradizione, non gradì la proposta. Per capirsi, su Canale5, più abituato alle scommesse, forse sarebbe andata diversamente. Comunque sia, con Brando Giordani concordammo di chiudere dopo la quarta puntata: non eravamo riusciti a convincere gli spettatori e non potevamo permetterci di andare avanti affossando la media degli ascolti di rete.

Torniamo a Berlusconi, provò mai a portarti via dalla Rai?
Sì, certo. Il primo contatto ci fu nel 1988, per capirsi il periodo dei grandi progetti di Madonna, Celentano e *Biberon*. Berlusconi, abituato a stare sempre al centro della scena e a sorprendere tutti per raggiungere i suoi obiettivi, si sentì preso in contropiede. Si chiese con insistenza cosa stesse succedendo nella Rai di Agnes e Milano. Chi c'era dietro queste mosse per certi aspetti così sorprendenti, spericolate e soprattutto vincenti? Il primo contatto ci fu tramite Rosanna Mani, condirettore di «Sorrisi e Canzoni Tv», giornale che all'epoca aveva un'enorme influenza sulla discografia italiana. Io e lei ci eravamo conosciuti in maniera aspra qualche anno prima, a Sanremo, ma poi – visto che non arrivammo alla rottura – con il tempo imparammo ad apprezzarci reciprocamente.

Di' la verità: l'interesse di Berlusconi ti fece piacere, vero?
Sì, lo ammetto. All'epoca essere contattati da Silvio Berlusconi dava automaticamente uno status professionale superiore. Entrare nel suo radar voleva dire far parte di una cerchia di dirigenti che nel mondo della tv italia-

na contava sul serio. Per me era una conferma importante, visto che l'anno prima anche Piero Ottone, presidente di Rete4 – all'epoca ancora della Mondadori – mi aveva voluto incontrare per un colloquio, che poi si rivelò solo esplorativo, nella sede romana dell'azienda, in via Sicilia.

Come andò, invece, con il Cavaliere?
L'appuntamento venne fissato in via Paleocapa a Milano, in una piccola e bella palazzina bianca, che ricordo molto ben protetta dai sistemi di sicurezza. Berlusconi si presentò puntale, simpatico e cordiale, senza mai essere fuori misura. Dopo i saluti entrò subito nel merito della questione: «Lei ha avuto idee che sono più vicine alla filosofia di una tv indipendente che di una realtà pubblica come la Rai. Ha realizzato tre grandi eventi che avrei potuto, anzi avrei dovuto, pensare e realizzare io. Mi spiega come ha fatto a mettere insieme i soldi per il concerto di Madonna? Come funziona il consorzio internazionale che lo ha reso possibile? E com'è arrivato al progetto del *Fantastico* di Celentano, quello che ha azzerato il mio Baudo, il conduttore più bravo della tv italiana? E infine come le è venuto in mente di dare spazio a Pingitore e al suo mix di cabaret, ironia e satira che ha dato a Rai1 un profilo, chiaro e deciso, di istituzione forte e credibile, non spaventata dalla politica? Complimenti Maffucci, forse saranno difficilmente ripetibili, ma lei ha messo a segno dei colpi da gran maestro».

E tu, come replicasti?
Con calma e sangue freddo. Sapevo già cosa mi avrebbe detto.

Che intendi dire?
Berlusconi per conquistare il centro del villaggio si era inventato il Telegatto, l'Oscar della tv da assegnare a personaggi e programmi di Rai e Fininvest. Quell'anno, dopo la cerimonia di consegna a Milano ci fu una cena al ristorante Giannino, una di quelle occasioni dove si facevano affari, si sviluppavano progetti, nascevano nuove coppie professionali e spesso anche sentimentali. Io ero lì in un tavolo di riguardo con mia moglie Emanuela. A un certo punto si avvicinò con molta circospezione, per essere visto il meno possibile, Adriano Galliani, braccio destro di Berlusconi. Era così noto che non si presentò e con fare cordiale e sorridente, ma senza preamboli, mi disse: «Maffucci, vinci troppo». Poi si fermò un paio di secondi e concluse: «Misurati». Salutò, veloce e gentile, e se ne andò.

E che voleva dire veramente?
Non lo so. Forse solo: ci siamo accorti di te e di quello che fai.

E tu come reagisti?
Niente. Gli feci un sorrisetto ironico, più o meno per dirgli: «Sì, certo. Adesso che me l'hai detto farò esattamente come dici tu...», e lo salutai anch'io. Ma ricorderò quel «Misurati» per sempre. Galliani aveva simpaticamente recapitato un messaggio del Cavaliere.

E quindi, dopo, a Berlusconi cosa rispondesti?
Non gli spiegai i dettagli, ma risposi punto per punto: «Ringrazio per i complimenti, che incasso a nome di tutta l'azienda. Per Madonna, io e tutti i colleghi coinvolti abbiamo

messo in piedi un progetto di marketing e comunicazione integrata che si è rivelato molto efficace, ma di cui al momento non mi sembra il caso di parlare. Per *Fantastico 8*, avendo lei ingaggiato il numero uno della tv, Pippo Baudo, l'idea forte è stata quella di cercare una soluzione completamente diversa. Ecco perché abbiamo puntato su un personaggio musicale e cinematografico di grande carisma e successo, che non aveva mai affrontato la diretta ma l'ha saputa riempire di contenuti ed emozioni forti. L'avventura è stata faticosissima e rocambolesca, spesso anche molto rischiosa, ma per fortuna vincente. Come lei sa benissimo. Il cabaret di un fuoriclasse come Pingitore, infine, se lo può permettere una grande rete quando politicamente può sopportare il fastidio e le conseguenze della satira. Se non piace il genere, e non si è in grado di gestire certe immancabili e importanti reazioni, è consigliabile non provarci».

E lui, come reagì?
Rispose alla maniera di Berlusconi: rilanciando.

Come?
«Caro Maffucci, mi ha dato una bella lezione» disse sorridendo. Poi all'improvviso, guardandomi negli occhi, serio e diretto: «E proprio per questo le chiedo: le piacerebbe lavorare insieme?». Gli dissi che ero lusingato ma perplesso: «Cavaliere, lei è un fuoriclasse, ma ho la netta impressione che a Canale5 non ci siano le strutture di un'azienda vera e propria in grado di sviluppare e sostenere le imprese che le ho appena descritto». Senza, non credo proprio che sarei stato capace di raggiungere quei risultati che avevano dato così tanto a me e alla Rai.

E mandò giù una risposta così, praticamente un rifiuto, senza contrattaccare?
Figurati. Ricorderò per tutta la vita quello che mi disse in maniera fulminante e astuta: «Maffucci, non mi dica che non ha fiducia nelle sue risorse?». Quindi, pur provocando, mi dava indirettamente ragione rilanciando la palla dalla mia parte. Di quel periodo, per farti capire l'atmosfera che si respirava nel mondo Berlusconi, ricordo bene anche un viaggio Roma-Milano che feci a bordo di quei piccoli ma confortevoli aerei privati dove il mogano e la pelle sono ovunque. Quel giorno a bordo c'era anche Enrico Mentana, che a un certo punto mi suggerì di valutare bene pro e contro dell'offerta e capire in fretta se e come avrei trovato il mio punto di equilibrio. «Per i soldi,» aggiunse «immagino che tu lo sappia già: è un altro mondo».

Come finì? Perché non accettasti la sua offerta?
Avrei guadagnato molto di più, è vero, ma alla fine bloccai la trattativa perché mi trovavo bene in Rai, ero al centro dei progetti più importanti, e non me la sentii di cambiare la mia vita e quella della mia famiglia. Non ne parlai più con nessuno. Il secondo contatto con Berlusconi ci fu nel 1992 e mi venne annunciato, come al solito, da Rosanna Mani, prova che c'era un interesse vero da parte del presidente.

La situazione era molto diversa, giusto?
Sì. Per me era tutta un'altra storia. Un'altra Rai. Non c'erano più Agnes, Livi e Milano. Il direttore di Rai1, Fuscagni, non aveva il quid per immaginare – o farmi immaginare – altri progetti straordinari e purtroppo a nessuno dei vertici sembravano chiari non solo gli obiettivi della

rete ma neanche quelli aziendali. Berlusconi mi invitò a pranzo a Roma e subito mi fece la proposta: «Come vede non mollo e ho buona memoria: viene a lavorare con me a Canale5?».

E stavolta come te la cavasti?
Stavolta ero molto più interessato e gli risposi prendendo tempo: «Intanto la ringrazio per i complimenti, che sento sinceri, e per l'interesse che mostra per le mie capacità professionali. Ma è una decisione che non posso prendere alla leggera. Devo pensarci bene, non sono solo: come sa, ho moglie e due figli».

La sua reazione?
«Nessun problema, Maffucci. Si prenda il suo tempo.» Da quel momento per un mese, tre volte a settimana, alle 18.30 in punto, quindi con un appuntamento sicuramente programmato da un assistente, a casa mia squillava il telefono e dall'altra parte del telefono c'era lui, Berlusconi. Non chiedeva di me, prima voleva parlare con «la Signora», mia moglie. I primi cinque minuti erano dedicati a lei. Mirava a conquistarne la fiducia perché aveva già capito che, a quel punto, la difficoltà vera per me era cambiare città, arredare una nuova casa, costruire nuove relazioni sociali e soprattutto gestire il cambio di vita di mia moglie e dei nostri due figli, Francesca e Matteo. Dopo un mese di questo trattamento, Berlusconi mi affidò a un manager di livello della sua amministrazione.

E quindi?
Cominciammo a trattare, ma senza concludere. Volevo pensarci ancora un po'. Forse non se lo aspettavano,

così qualcuno – credo l'uomo incaricato dell'operazione o Rosanna Mani stessa, non l'ho mai saputo con certezza – tentò di accelerare sui tempi e un giorno mi ritrovai su un paio di quotidiani la notizia che stavo trattando con Berlusconi per lasciare la Rai: «Ormai era fatta,» avevano fatto scrivere «Maffucci passa a Canale5, mancano solo le firme».

Era così?
No, figurati. Ero molto tentato, ma non avevo ancora deciso. Però la manovra, oltre a mettermi in difficoltà con la dirigenza dell'azienda, ovviamente ignara di tutto, non mi piacque. Mi sembrò il metodo di un gruppo di potere abituato a fare offerte «che non si potevano discutere», ma che ebbe l'effetto di cristallizzare in me tutti i dubbi che avevo. E capii una volta per tutte che non avrei lasciato la Rai per Silvio Berlusconi. Il giorno dopo telefonai al mio interlocutore dicendogli che tutto finiva lì: non saremmo andati avanti. Io non avevo risolto il mio problema in Rai, cioè trovare nuovi stimoli e interlocutori all'altezza, ma avevo capito che era la cosa giusta da fare. Anche se poi sul mio percorso, come avevo ampiamente previsto, incrociai direttori generali e di rete più o meno incapaci di dare un valore strategico al lavoro di tutti i giorni. Penso a Pasquarelli, Locatelli, Minicucci, Iseppi – il peggiore di tutti – Saccà. Celli, Delai, Giordani, che a sorpresa tenne sempre un basso profilo, e Tantillo, che poteva fare veramente poco visto che non aveva alcuna esperienza di spettacolo. Memorabile fu il dg Pasquarelli...

Per quale motivo?
Nel 1993 cancellò l'evento *La vela d'oro*, organizzato a Riva del Garda con la collaborazione della provincia autonoma di Trento per presentare i palinsesti di Rai e Mediaset, facendomi una telefonata telegrafica: «Caro Maffucci, le comunico che ho eliminato dal palinsesto *La vela d'oro*». E io: «Ma come? Fa buoni ascolti...». E lui: «Non buoni, ma ottimi. Così tanto da penalizzare la mia presentazione della nuova stagione a Roma. Complimenti, amari, e tanti saluti».

Riuscisti in qualche modo a monetizzare le due proposte di Berlusconi? Di solito si fa così.
Ripensandoci mi sono chiesto spesso se alla Rai, dal punto di vista economico io sia mai stato capace di chiedere e ottenere tutti i soldi che meritavo, sempre secondo le regole dell'azienda ovviamente. La risposta complessiva è semplice: no.

Per quale motivo?
La passione per il prodotto, la preoccupazione di avere un buon rapporto con gli artisti e con gli autori, soprattutto un certo personale imbarazzo nel trattare il denaro, non mi hanno mai permesso di individuare tempi e modi ideali per gestire un rapporto diretto con l'amministrazione e curare in maniera più proficua i miei interessi e il mio futuro. Non ho sfruttato in alcun modo tutte quelle imprese eccezionali portate a termine con successo grazie alle quali avrei potuto trattare da una posizione di forza. Ho visto colleghi ottenere benefici smisurati avendo portato a casa risultati concreti molto meno pre-

stigiosi dei miei. Anche quando nel 2000 lasciai l'Azienda, a 61 anni invece che a 65, al di là dello «scivolo», più o meno la somma che la Rai mi avrebbe dato per tenermi al lavoro altri quattro anni, avrei potuto fare cassa in maniera molto più importante. Ma sono fatto così. Non ho rimpianti. Mi sono divertito.

Quarta parte

Il mio servizio pubblico

Un boy scout in Viale Mazzini

Hai parlato della tua uscita dall'azienda, ma quando sei entrato in Rai? E come?
Nel 1968. È una storia insolita e per raccontarla bene prima devo dire che ero e sono sempre scout. Feci la «promessa» a 13 anni, nel 1952, e diventai Capo Reparto a 20, nel 1959 (il movimento nasce in Inghilterra con Baden-Powell nel 1907, muove i primi passi in Italia nel 1910, e si sviluppa soprattutto nel mondo cattolico nel 1916 con l'Asci, poi diventata nel 1974 Agesci, associando anche la componente femminile, nda).

Quindi Forrest Gump e scout?
Sì. E lo sottolineo perché è un punto fermo della mia vita. Ti confesso che alla mia età, ripensando a tutto quello che mi è capitato, professionalmente e no, spesso ho la sensazione di averlo vissuto da spettatore e non da protagonista. È una sensazione che descrive bene Gianrico Carofiglio, un autore che mi piace molto, nel suo romanzo *L'orizzonte della notte*. Scrive così e nelle sue parole

mi ci riconosco: «Ogni volta che ho provato a mettere a fuoco dove fossi e che cosa pensassi quando succedevano determinate cose, anche molto importanti, è come se una specie di molla invisibile mi facesse tornare sempre al ruolo dell'osservatore più o meno distante. Forse succede perché ricordando cerchiamo di riorganizzare mentalmente una versione coerente dei fatti, con un senso compiuto, che possa in qualche modo mettere ordine al caos della vita».

Addirittura?
Di sicuro è un processo che condiziona non poco i ricordi e sviluppa in me quel senso di estraneità di cui parlavo prima. Detto questo, io non ho mai chiesto di entrare in Rai né di collaborare da esterno con le strutture redazionali che realizzavano i programmi. Niente. Facevo proprio un altro lavoro.

Quale?
Dal 1963 ero un impiegato dell'Enaoli, l'Ente Nazionale Assistenza Orfani dei Lavoratori.

E cosa facevi?
Avevo un doppio ruolo: docente presso il Centro per la formazione del personale educativo e funzionario presso la Direzione generale dell'Ufficio di gestione diretta dei collegi che ospitavano i ragazzi: un impiego di soddisfazione che mi garantiva uno stipendio dignitoso. Per l'assunzione fu determinante la formazione e l'esperienza che avevo maturato come educatore.

Che studi avevi fatto?

Dopo un brillante diploma di maturità al liceo classico Tasso di Roma, per volontà di mio padre mi iscrissi alla facoltà di Giurisprudenza. Purtroppo non faceva per me: non ingranai con gli esami ed entrai quasi subito in crisi. Iniziai a perdere tempo e soprattutto non fui capace di affrontare il problema. Non volevo dare un dispiacere in famiglia e non gli chiesi mai di cambiare indirizzo di studi e passare a Lettere. Lì avrei fatto senz'altro meglio: le mie materie preferite sono sempre state italiano, storia e filosofia e per gli interessi professionali che poi ho sviluppato mi sarebbero state senz'altro più utili.

E quindi?

Feci l'errore di credere che avrei potuto fare l'assistente sociale. Iniziai il corso, ma in poco tempo realizzai che anche quella non era la mia strada. Per me iniziò un periodo di depressione e incertezza, mi sentivo a disagio e in colpa soprattutto con la famiglia. Non vedevo una via d'uscita, che trovai quando riuscii a farmi assumere all'Enaoli, a 24 anni, con un contratto a tempo indeterminato, cosa che fece risalire un po' la considerazione dei miei genitori visto che mio fratello Vittorio, di poco più piccolo di me, nel frattempo si era laureato in Ingegneria e aveva vinto un primo concorso all'Ibm.

Lavoravi e continuavi a essere impegnato come scout, giusto?

Esatto. Con loro nel 1966 partecipai come responsabile nazionale della sperimentazione che le associazioni scout Asci e Cngei fecero con i Vigili del fuoco per gli aiuti a Firenze dopo l'alluvione e nel 1968 nel Belice, in Sicilia, dopo il terremoto. Nel 1967 andai anche al dodicesimo Jamboree organizzato in Idaho, negli Stati Uniti. Con me c'erano anche Marco e Andrea Taviani.

Che cos'è?
Il grande raduno degli scout che si tiene ogni quattro anni, dal 1920, in un Paese diverso con ragazzi di culture e religioni provenienti da oltre 150 nazioni.

Che c'entrano con l'assunzione in Rai?
Furono non dico determinanti ma molto utili. Consolidarono la mia notorietà nel mondo dell'associazionismo giovanile cattolico – Acli, Fuci, Azione Cattolica – dove ero molto attivo partecipando a dibattiti culturali, eventi, confronti di vario tipo con le tesi movimentistiche. Queste esperienze mi permisero di uscire dal mio ambiente di partenza piccolo borghese e di inserirmi in contesti più evoluti e propositivi. Mi feci conoscere e apprezzare come dirigente del movimento scout, ma sempre restando al mio posto: non chiesi mai favori a nessuno e non pensai mai a un tornaconto. Avevo il mio lavoro all'Enaoli e il mio impegno per i giovani. Stavo bene così.

Allora come arrivò la chiamata dalla Rai?
A me sembra ci sia, in quello che è successo, una progressione logica degli avvenimenti. Il mio impegno con i giovani fu determinante e senza di quello non sarei mai stato nominato «esperto» dalla Presidenza del Consiglio dei ministri, passaggio molto importante per il mio approdo a Viale Mazzini.

Quando ci fu?
Il 18 marzo 1968. Quel giorno arrivò a casa mia una lettera del sottosegretario di Stato alla Presidenza del Consiglio dei ministri, l'onorevole democristiano Angelo Salizzoni.

E che c'era scritto?
In qualità di «esperto in problemi giovanili» ero stato nominato membro del «Comitato per lo studio dei problemi della gioventù» costituito pochi giorni prima, il 6 marzo.

Dagli scout a Palazzo Chigi: un bel salto. Chi fece il tuo nome?
Il professor Paolo Emilio Taviani, democristiano, più volte ministro, che io però non cercai né sollecitai in alcun modo. Lui fece il mio nome valorizzando la mia notorietà nel mondo giovanile cattolico visto che mi conosceva perché da tempo ero molto legato a Cesare, Beppe e Andrea, tre dei suoi otto figli. Nel decennio 1958-68, infatti, da responsabile del Reparto Pegaso del gruppo Roma 71 mi ritrovai a capo di trentadue ragazzi, di tutte le estrazioni sociali, dal figlio del ministro a quello del portiere. Così iniziai a frequentare loro e altri figli di persone importanti nel campo della cultura e della politica cattolica: i fratelli Marcello e Paolo Flores D'Arcais (il padre dirigeva «Il Popolo», il giornale della Dc). Ricordo che fra loro c'era anche Andrea Purgatori, a conferma del fatto che lo scoutismo in quegli anni era considerato anche dalla borghesia laica, non solo cattolica, una buona alternativa a un'educazione tradizionale.

In pratica, cosa fece Taviani?
Di sua iniziativa mi presentò a Ettore Bernabei, direttore

generale della Rai, e mi risulta che prima di esporsi fece giustamente delle verifiche per avere conferme sulla mia persona. Il ministro in seguito mi disse che coinvolse in questa operazione anche il professor Vittorio Bachelet, all'epoca presidente dell'Azione Cattolica (lo fu dal 1964 al 1973, nominato da papa Paolo VI, nda). Si fidava di me, Taviani, perché apprezzava il mio impegno di educatore e garantì così sulla mia serietà e affidabilità. Per un politico così impegnato sapere che l'adolescenza dei suoi figli era in buone mani, grazie al mio servizio, lo rasserenava enormemente, tanto più che dai ragazzi e da sua moglie Vittoria arrivavano solo conferme del mio buon operato.

Quando incontrasti Bernabei e cosa ti disse?
Sempre nel 1968, prima di avere quell'incarico istituzionale, incontrai tre volte Ettore Bernabei. Parlai a lungo con lui, e mi sorprese trattandomi come un interlocutore alla pari. Mi spiegò perché Amintore Fanfani, all'epoca presidente del Senato e suo referente politico nella Dc, lo destinò alla tv di Stato, un mezzo nuovo rispetto al quale c'erano grandi aspettative: «Nel Dopoguerra il mondo cattolico si era trovato in difficoltà nell'opinione pubblica del Paese perché non solo i grandi giornali erano tutti di matrice liberale, ma anche perché nel sistema di potere era molto influente la Massoneria e il Pci era egemone nel cinema e nella letteratura. Fanfani pensò a me, che all'epoca ero direttore del "Giornale del Mattino" di Firenze, per riequilibrare il peso della componente di matrice cattolica. Ecco perché sono qui». Il dg della Rai mi disse anche di sentirsi spiazzato dal movimento giovanile del '68, faticava a metterlo a fuoco ma capiva che bisognava co-

munque farci i conti in qualche modo. In effetti i giovani contestavano duramente il sistema che, preso alla sprovvista, si dimostrò completamente incapace di dare nell'immediato risposte credibili e convincenti.

Nel '68 avevi 29 anni: tu da che parte stavi?
Il mio fronte era ed è sempre stato lo stesso, quello cattolico-progressista, dove con la mia attività mi ero fatto sicuramente notare. Ero consapevole che era in corso un cambiamento politico-culturale irreversibile e per certi versi anche auspicabile. Purtroppo fra caos e violenze crebbe e si diffuse ovunque la sfiducia. La politica, le aziende, le istituzioni pubbliche e private faticavano a selezionare persone che potessero comprendere e interpretare ciò che emergeva nel Paese e, in particolare, nel mondo giovanile. Erano necessari donne e uomini con una capacità di visione e giudizio diversa dal solito, frutto di un'esperienza maturata sul campo e proprio lì ben sviluppata e radicata. Credo sia questa una delle ragioni della mia fortuna: dirigenti che volevano agganciare la contemporaneità coinvolsero persone come me che, pur non avendo un titolo accademico, era molto motivata, affidabile e preparata. E aveva voglia di fare. Con le dovute proporzioni, lo stesso metodo di ingaggio adottato dai protagonisti del Comitato di Liberazione – del quale Taviani fece parte – quando per ricostruire il Paese dopo la Resistenza bisognava assegnare responsabilità a persone di assoluta fiducia perché non si poteva assolutamente sbagliare.

La tua visione politica qual era?
Il mio impegno politico puntava a operare con i giovani per costruire anche attraverso il loro contributo un mondo un

po' migliore di come l'avevamo trovato. Questo ideale per me si concretizzava in un servizio educativo che allenasse i piccoli a diventare grandi e finalmente a essere cittadini attivi, consapevoli dei problemi del momento e operativi nella ricerca delle soluzioni migliori. Una visione completamente diversa da chi contestava solo il sistema e non vedeva al centro della crisi la necessità di una nuova educazione.

Bernabei quando ti assunse?
Dopo quella nomina della Presidenza del Consiglio dei ministri, che forse aspettava a tutela dell'operazione, Bernabei mi fece una proposta di collaborazione che poi dopo cinque anni diventò assunzione a tutti gli effetti. L'azienda all'epoca era una società privata che garantiva un servizio pubblico e la chiamata diretta era nell'ambito delle sue prerogative.

Di fatto, però, un raccomandato.
Sì, certo. Ma la premessa l'ho fatta. Mi illudo che potesse servire uno con le mie caratteristiche e sono stato sicuramente indicato dalle persone giuste. Credo di aver onorato la fortuna che ho avuto. All'inizio mi sembrò quasi impossibile: ne fui entusiasta ma al tempo stesso mi chiedevo con timore se ne sarei mai stato all'altezza, sensazione che rivivrò altre volte in situazioni decisamente più complicate. Quasi una sorta di estraneità.

Addirittura?
Non lo so. Di sicuro Forrest Gump era sbarcato a Viale Mazzini. A conferma di questo, cinque anni dopo mi ritrovai a fare una missione «segreta» in Cile nel bel mezzo del golpe di Pinochet.

Una missione segreta? Che ci facevi lì?
Paolo Emilio Taviani mi chiese di andare lì a fare un servizio. L'attacco dei militari alla Moneda, il palazzo presidenziale di Salvador Allende, ci fu l'11 settembre 1973, e io qualche settimana dopo mi ritrovai su un affollatissimo volo Alitalia che da Roma via Buenos Aires mi avrebbe portato a Santiago del Cile. Un aereo che nella capitale argentina si svuotò. A bordo per l'ultimo tratto rimanemmo io e l'equipaggio. In quell'inferno nessuno voleva andare, l'Estadio Nacional Julio Martinez Pràdanos era pieno di prigionieri politici che venivano torturati e uccisi.

Dare una mano a chi?
Al mio amico Cesare, uno dei figli del professor Taviani, che – assieme alla moglie Giusy e alla figlia Paola – si era stabilito a Curanilahue, nel sud più depresso del Paese, per fondare con un amico sacerdote, Valentino Tresalti, una scuola di formazione tecnica da inserire nel sistema pubblico cileno. Io avevo il mio bagaglio, una grande valigia per Cesare e – nascoste sotto la fodera del mio cappotto – due grandi buste da consegnare alla Democrazia Cristiana cilena, che ormai operava in clandestinità. Ricordo ancora il tratto a piedi dall'aereo all'ingresso in aeroporto, sotto il sole accecante, con i parà in assetto di guerra con i mitra in mano. E sui tetti si vedevano i cecchini pronti a tutto.

Paura?
Certo. Tanta. Con il cuore in gola quei cinquanta metri mi sembrarono lunghissimi. Al controllo andò tutto bene, non c'era tecnologia sofisticata e i militari si concentrarono solo sul contenuto delle valigie, il cappotto neanche

lo toccarono. Ad aspettarmi c'era anche un funzionario dell'Ambasciata italiana. Finite le pratiche, abbracciai Cesare e gli diedi subito il suo bagaglio e il cappotto con le buste che lui sapeva a chi consegnare. Poi gli portai i saluti e l'abbraccio di tutta la famiglia. Rimasi con loro per due settimane e per me fu un'esperienza umanamente molto importante. Per chi ne aveva bisogno, Cesare e Giusy stavano facendo un gran lavoro. Se ripenso a quello che feci in quei giorni mi sembra la vita di un altro. Capisci perché insisto su Forrest Gump?

I miei maestri

Come hai imparato a fare «tecnicamente» la tv?

Nella prima fase, quella da collaboratore Rai – durante la quale diventai giornalista professionista – lavorai andando anche in video con programmi di divulgazione culturale e di approfondimento su temi di attualità e costume. Produzioni come *Spazio*, sui problemi degli adolescenti; *Il pianeta dei dinosauri*, in onda dieci anni prima di quello realizzato da Piero Angela; *Droga: che fare*, sul dramma della tossicodipendenza; *Apriti sabato*, contenitore a 360 gradi sui temi della contemporaneità. In pratica, sono cresciuto nella direzione dei Programmi culturali diretta da Emmanuele Milano e Fabiano Fabiani, un fuoriclasse anche lui senza titolo accademico (prima ricoprì il ruolo di direttore del Tg1, dopo fu vicedirettore generale e infine consigliere d'amministrazione Rai, nda), una struttura che aveva la legittima ambizione di gareggiare alla pari – fino alla riforma del 1975 – con quelle dello Spettacolo e dell'Informazione. In quel periodo per me furono fondamentali tre maestri eccezionali come il regista Luigi Martelli, figlio del grande Otello, direttore della fotografia di Roberto Rossellini (*Paisà*), Vittorio De Sica (*L'oro di Napoli*), Federico Fellini (*I Vitelloni*, *La strada*, *Il bidone*, *Le notti di Cabiria* e *La Dolce Vita*). L'autore Marco Zavattini, per me un maestro di leggerezza e creatività, anche lui figlio d'arte visto che suo padre era Cesare Zavattini, uno dei padri del neorealismo. E poi il tecnico Armando Portone.

E chi è?
Il primo e fondamentale professionista che in un sottoscala di via Fasana a Roma, vicino a viale Angelico, sede di una piccola società che si chiamava TeleRomaCine, una delle tante di cui si avvaleva la Rai per il montaggio e le riprese in esterna, mi insegnò tutto sul linguaggio delle immagini: piano americano, primo piano, totale, grandangolo, camera car, e infine montaggio. Una formazione che feci passando tantissime ore in moviola, anche di notte, quando i tempi erano strettissimi e non si poteva fare diversamente per consegnare i lavori rispettando le scadenze Rai. Per chi era a digiuno di tv come me, fu un efficacissimo corso accelerato. Ad Armando devo tanto. Diventammo amici e a lui, tempo dopo, cercai di restituire in parte quello che lui aveva dato a me. Mettendo insieme punti importanti della mia vita.

Che vuoi dire?
Armando era un talento puro, serio e curioso, ma a 35 anni aveva solo la licenza elementare. Era nato nei «bassi» di Taranto e non aveva avuto la possibilità di andare avanti con gli studi. Allora gli proposi di andare a Canale D'Agordo, in provincia di Belluno, dove da sempre la

mia famiglia ha una casa e dove all'epoca c'era una scuola media statale diretta da un preside che – condividendo le ragioni di Don Milani nella *Lettera a una professoressa*, e soprattutto grazie alla sperimentazione che la riforma della scuola media inferiore all'epoca consentiva – rilasciava il diploma anche a studenti fuori età scolastica valutando le capacità di ricerca personale e l'esperienza di vita. Passammo dieci giorni a studiare insieme nella mia casa in montagna. Armando si presentò con una tesina su *Guernica*, la celebre opera antimilitarista di Pablo Picasso, e da lì si fece coinvolgere in una discussione storica, artistica e scientifica.

Come andò a finire?
Tornò a casa con il diploma di terza media. Anni dopo lui stesso mi disse che quella fu l'esperienza più bella della sua vita. Per me fu un momento di grande felicità: l'avevo aiutato a trovare e usare la sua leva interiore. Dal punto di vista televisivo, comunque, devo tantissimo anche alle tre botteghe d'arte con le quali ho avuto la fortuna di collaborare: quelle di Pippo Baudo, Adriano Celentano, e Renzo Arbore e Ugo Porcelli, autore fondamentale per Renzo, che per me selezionò format sul mercato europeo da adattare per Rai1. Con loro feci *Aspettando Sanremo* nel 1990 e *Caro Totò, ti voglio presentare* nel 1992, esperienze bellissime. Ma fammi dire una sola cosa su Cesare Zavattini.

Raccontala.
Con Marco diventammo presto grandi amici e lui dopo un po' mi invitò a pranzo a casa per farmi conoscere suo padre, il gigantesco Cesare. Parlando di tutto, mi colpì tan-

tissimo quando all'improvviso guardandomi negli occhi il grande vecchio si fermò, allargò le braccia e disse: «E poi Mario, è tutto molto più semplice di quello che sembra: le grandi idee sono attorno a noi. Basta saperle riconoscere». Aveva ragione: le grandi idee si percepiscono e si individuano se abbiamo imparato a essere attenti, curiosi e predisposti a interpretare le tante facce della realtà che viviamo. Che lezione.

E tu come hai fatto a riconoscere le idee e i talenti che poi le avrebbero realizzate?
Ascoltando, parlando, valutando ogni dettaglio. Il mio compito – come recita l'ordine di servizio che nel 1987 ufficializzava la mia nomina a capostruttura – era quello di proporre al direttore di rete progetti di spettacolo da realizzare per il target assegnatomi, cioè la prima serata, ma anche di realizzare quei programmi definiti da lui stesso. Ogni proposta veniva da me formalizzata con un appunto che comprendeva anche i nomi degli artisti da scritturare, per esempio Fabrizio Frizzi, Carlo Conti, Giorgio Panariello e Paolo Bonolis, professionisti da me inseriti nel circuito televisivo Rai dopo averli individuati, conosciuti e analizzati anche in termini di personalità e tenuta psicologica.

In che senso?
A un certo livello devi avere carattere ed essere solido con i nervi. La pressione, a volte, può diventare molto pesante. Un impegno, il mio, che quasi ogni giorno mi ha portato a seguire la vita lavorativa e personale degli artisti, con tutto quello che ne consegue. Insomma, per tanti di loro sono stato un po' manager e un po' balia, ma anche domatore,

confessore e strizzacervelli. Di ognuno dovevo sapere cosa poteva fare e cosa no. Aver creato un network di rapporti umani che andasse oltre quelli professionali mi diede la possibilità di diventare il riferimento per tutti quei settori della Rai che si interessavano di loro: diventai il dirigente più aggiornato sulla condizione sentimentale, sanitaria e imprenditoriale degli artisti al lavoro per l'Azienda. L'unico in grado di risolvere questioni in apparenza insormontabili. Un po' troppo di tutto, direi.

Che vuoi dire?
Ho permesso al lavoro di assorbire quasi del tutto le mie giornate, sottraendo troppo tempo prezioso al bene più importante: la famiglia. Nessun rimpianto né altro, è andata bene lo stesso, ma è la pura e semplice verità. E non voglio sottrarmi dal fare pubblicamente questo tipo di considerazione.

Le tue proposte che iter seguivano?
Prima c'erano vari passaggi burocratici, gestionali ed economici, poi passavano al vaglio del direttore, che quasi sempre le approvava per la messa in onda, e poi, ovviamente, affrontavano la guerra dei dati di ascolto, per più di vent'anni la mia croce quotidiana.

La croce di tutti quelli che fanno tv.
Certo. Tra me e Vincenzo Ratti, storico agente di Roberto Benigni e tanti altri, quello che insegnò tutto a Lucio Presta facendolo diventare dopo un po' anche suo socio, ogni mattina c'era la gag della telefonata Auditel. Manco fosse un agente di Borsa, Ratti quotidianamente mi comunica-

va i valori del mercato. «Oggi sei un fenomeno, Mario.» E magari ventiquattro ore dopo: «Oggi sei una schifezza. Buttati nel fiume, non vali un soldo. Ti invito a pranzo al Pescatore così ti tiro su».

Carlo Conti, dall'edizione 2025 di nuovo conduttore e direttore artistico di Sanremo, come lo agganciasti?
Era l'inizio del 1996. Da mesi c'era Gherardo Guidi, un impresario attivo in Versilia, che mi segnalava il giovane protagonista di un programma televisivo intitolato *Aria fresca*, trasmesso da un largo sottoscala adibito a palco prima da Canale10, una tv privata di Firenze e dintorni, e poi da Videomusic. Decisi di andarlo a vedere alla Bussola. Carlo Conti conduceva, con gran ritmo, uno show a base di personaggi e situazioni locali con buona musica e tante risate. Fernando Capecchi, il suo agente da poco scomparso, era l'impresario anche di un trio formato da Conti stesso e da due comici: Giorgio Panariello e Leonardo Pieraccioni.

Come fu il primo impatto?
Carlo mi piacque subito, parlammo a fine spettacolo e dopo qualche giorno lo chiamai a Roma per proporgli una bella sfida: *Su le mani*, uno spettacolo estivo dal Bandiera Gialla di Rimini, una discoteca trasformata in studio televisivo, per undici puntate in prima serata su Rai1 prodotte da Bibi Ballandi. L'atmosfera doveva essere simile a quella che avevo visto alla Bussola.

La sua reazione?
«Va benissimo, non voglio sapere altro. Grazie. Quando si comincia? Il 27 giugno? Bene, sono già a Rimini.»

Ad affiancarlo chiamai Giorgio Panariello, che proprio in quell'occasione presentò in tv il fortunato personaggio di Mario, il bagnino del Bagno Maria, e in seguito divenne popolarissimo con i suoi show su Rai1, tanto da diventare nel 2006 conduttore e direttore artistico proprio di Sanremo. Una persona buona e divertente. Mi piace dirlo perché in tv non è frequente fare incontri con gente come lui.

Quel Festival fu un disastro.
Lo so. Io, però, non c'ero più. Il Sanremo di Giorgio lo vidi dal divano di casa. Dieci anni prima, invece, *Su le mani* di Conti andò benissimo. Così tanto che fece decollare la sua carriera e anche quella di Panariello. Quella del loro amico Pieraccioni era già esplosa l'anno prima con il film *I laureati*.

Lo vedrai il Festival nuovamente targato Conti?
Sì, ma se Carlo non mantiene la promessa, come Amadeus, di chiudere a un orario decente, alle due del mattino non ci arrivo. Me lo vedrò il giorno dopo su RaiPlay.

¶

Carlo Conti, nato a Firenze il 13 marzo 1961, dopo il diploma da ragioniere riesce a entrare subito in banca, dove lavora per tre anni. Dopo tanta gavetta nelle radio locali, nel 1984 approda alla guida di *Succo d'arancia* su Teleregione Toscana. Da allora non si è più fermato, portando a casa un successo dopo l'altro. Il 27 dicembre 2003 Conti è stato addirittura nominato dal presidente Carlo Azeglio Ciampi Cavaliere dell'Ordine al merito della Repubblica Italiana.

Carlo Conti: «Ricordo benissimo quella sera con Mario perché in qualche modo mi cambiò la vita. Maffucci venne a vedere il nostro spettacolo *Aria fresca* alla Bussola, il mitico locale sul lungomare di Marina di Pietrasanta, alle Focette, fondato nel 1955 da Sergio Bernardini. Sapevo bene chi era perché all'epoca in Rai avevo già fatto la *Tv dei ragazzi* e qualche altro programma: il suo nome era noto a tutti quelli che facevano spettacolo e sognavano la prima serata di Rai1. Era uno dei dirigenti più importanti di Viale Mazzini e sapere che era lì per noi – per me, Giorgio Panariello e tutto il nostro gruppo di lavoro – fu una vera sorpresa. Aveva saputo che in Toscana da tempo stavamo facendo un gran bel casino, che il pubblico ci seguiva in maniera straordinaria, pagando addirittura il biglietto per assistere alle registrazioni del nostro show che in quel periodo andava in onda anche su Videomusic. Dopo lo spettacolo cenammo insieme e parlammo a lungo. Ci fece domande di ogni tipo, entrando anche nei dettagli tecnici, poi ci salutò gentilmente ma senza farci capire cosa avesse in mente. Tempo una settimana mi chiamò per un incontro a Roma e nel suo ufficio, appena entrato, mi fece la proposta per fare *Su le mani* dal Bandiera Gialla di Rimini con il produttore Bibi Ballandi. Dopo aver detto subito di sì, quasi senza pensarci, Mario aggiunse che dovevamo assolutamente sentirci liberi di fare quello che sentivamo, ovviamente cercando di limitare parolacce e gesti un po' così. Giorgio, per esempio, quando fece il personaggio del pierre con il marsupio confezionò le battute in maniera più leggera, senza esagerare. Dico questo perché da Mario non arrivò mai nessun tipo di censura. Si vedeva che era un professionista di lungo corso, con l'azienda dalla sua parte e l'autorevolezza di chi sa il fatto suo, e soprattutto non è di passaggio. Un manager visionario e coraggioso che ha la capacità di saper selezionare artisti e costruire con loro veri percorsi professionali. All'epoca era tutto diverso rispetto a oggi: c'erano uomini e mezzi per ideare e programmare, e tempi per provare e migliorare, tutte cose che oggi non ci sono quasi più. Quando firmammo il contratto io e Giorgio brindammo come due ragazzini perché arrivare insieme alla prima serata di Rai1 con un prodotto così legato alla nostra identità, dopo tanti anni di gavetta, quasi non ce l'aspettavamo più. Fu un regalo meraviglioso perché stavamo per realizzare un sogno con il nostro modo di essere e fare televisione. Per me un'estate indimenticabile, una scalata al successo, gradino dopo gradino, entusiasmante».

¶

Mario, c'eri anche nel 2001, l'anno del Festival disastroso di Raffaella Carrà. L'ultimo Sanremo della tua carriera.
Sì, ma ormai ero uscito dall'azienda, ero un direttore artistico esterno e in realtà fecero quasi tutto Raffaella e Sergio Japino, che lo firmarono come autori e lui anche come regista. Sul palco ad affiancare Carrà c'erano la bellissi-

ma modella australiana Megan Gale, Massimo Cecche-rini ed Enrico Papi. Piero Chiambretti interpretò, invece, gli interventi comici. Per quanto mi riguarda i margini per fare, dico la verità, furono ridottissimi: i due non mi volevano fra i piedi. Succede.

Perché andò male?
Lei era stanca e non ci fu il tempo necessario per prepararlo come si deve. E questo si paga. Sempre. Ricordo la trovata Banderas e le relative situazioni bizzarre viste durante le prove.

In pratica?
Dopo la prima puntata, deludente sotto tutti i punti di vista, in riunione Raffa propose di chiamare Antonio Banderas: «È un amico e verrà senz'altro». Aveva ragione: accettò. Dopo l'accordo sui soldi – tanti soldi – e tutto il resto, l'attore il giorno dopo arrivò in teatro accompagnato da un uomo vestito di nero, alto e molto magro, sembrava uno della Famiglia Addams. Era il suo manager americano.

Come andò a finire?
Sul palco per le prove Japino la buttò lì come se fosse un'idea brillante: «Antonio, perché tu e Raffa non fate un duetto con le sue canzoni spagnoleggianti?». Lo spilungone, seduto in prima fila, alzò la mano, si mise in piedi e con voce ferma e tonante sentenziò in un italiano basico ma sicuramente molto chiaro: «Non si può fare per due motivi. Il primo perché non è previsto dal contratto, il secondo perché è una cagata». Così, testuale.

E tu? E gli altri?
Mi scappava da ridere, ma rimasi immobile come una statua. Il tipo aveva ragione. Gli altri abbozzarono, il gran numero non si fece. Alla fine Banderas ne fece un altro, lui con i gomiti sul pianoforte mentre Raffaella cantava. Fu insignificante, e ovviamente non riuscì a risollevare la situazione.

Facciamo un passo indietro. Una volta approvato un progetto televisivo tu, in pratica, cosa facevi?
Dopo l'ok dei vertici il mio compito era quello di spiegare tutto ai responsabili del centro di produzione coinvolto e ai collaboratori tecnici come regista, autori, scenografo, coreografo, consulente musicale e via dicendo, che ovviamente variavano a seconda dell'impostazione data al programma. Se non era in diretta, terminate le riprese si passava alla parte più riflessiva e creativa, quella della confezione, da sviluppare con il regista, il montatore e il curatore delle musiche. Insomma, un lavoro dietro le quinte fatto di scelte quotidiane sempre molto impegnative perché fra le mie responsabilità c'era anche quella di far quadrare i conti. Pensa che il settimanale «Panorama» mi definì un «SamuRai» riconoscendo e sottolineando che anche su questo fronte ero un combattente spesso lasciato solo proprio dall'Azienda.

Lucio Dalla, che dava soprannomi a tutti, per te scelse quello di Aiace, vero?
Sì. Con lui ho avuto un rapporto mai superficiale e sempre coinvolgente, anche su questioni personali di entrambi. Sono stato un «guerriero», si fa per dire, che ha sempre mirato al miglior risultato finale da raggiungere come

servizio pubblico, selezionando le risorse e le persone giuste senza tener conto di simpatie o antipatie né di appartenenza a questa o a quella forza politica.

Lo sottolinei perché vuoi dire anche altro, giusto?
La Rai deve essere gestita con criteri professionali. Punto.

I partiti ci sono sempre stati, l'hai sempre detto anche tu.
Certo. Ma prima le scelte si facevano seguendo soprattutto logiche di competenza e serietà. La politica c'era e si sentiva, è vero, ma c'erano anche quelli che sapevano pensare, fare e gestire la tv. Ora bisogna cambiare tutto davvero. Il 17 aprile 2024, dopo 24 giorni dall'approvazione, il regolamento Emfa – European Media Freedom Act – è stato pubblicato sulla Gazzetta Ufficiale dell'Unione Europea. Prevede un termine temporale, in questo caso di quindici mesi – a partire dal ventesimo giorno dalla pubblicazione – affinché ogni Stato adegui le norme del settore.

Come?
Per l'Italia significa rivedere entro l'8 agosto 2025 il Testo Unico dei Servizi di Media Audiovisivi e Radiofonici, nella parte relativa all'ordinamento del servizio pubblico. L'articolo 5 del Regolamento prevede infatti che, come condizione per l'uso di pubblico denaro, il servizio pubblico sia indipendente da Governo e Parlamento, e inoltre che il finanziamento debba essere garantito su base pluriennale e in quest'arco di tempo non sia revocabile, ovviamente per evitare ricatti di ogni tipo. Sarà un'avventura che non riesco neanche a immaginare come si possa realizzare in Italia. Per questo il 25 aprile 2024 mi sono iscritto all'Asso-

ciazione Articolo 5, nata proprio per vigilare e promuovere il rispetto di questa nuova norma europea. Che sia necessaria ce lo fa capire quello che è successo negli ultimi mesi.

A cosa ti riferisci?
Se il Nove nella stagione 2023-24 in poche settimane con Fazio, e Crozza, ha raggiunto il 10 per cento di share vuol dire che il pubblico ha abbandonato la Rai per continuare a vedere altrove ciò che gli interessa di più e con il quale ha un rapporto fiduciario consolidato. Privarsi di artisti che funzionano per motivi non editoriali è un nonsense, visto che a loro due dal primo settembre 2024 si è aggiunto anche lo zoppicante Amadeus. Ma non è tutto.

Continua.
Se lo show di Fiorello, *Viva Rai2!*, porta quel canale oltre il 20 per cento di share, penalizzando nella fascia mattutina Rai1 e Rai3 senza sottrarre consenso ai programmi della concorrenza, forse vuol dire che l'Azienda ha rinunciato a una visione più generale del suo palinsesto, scegliendo di investire cifre molto importanti per una fascia che in termini di ascolto e di pubblicità è sempre stata irrilevante. Se lo fa è solo per portare a casa un grande successo. Buono per Fiorello e per chi vuole associare il proprio nome al suo, ma di sicuro non per la Rai. E se l'Azienda sceglie Pino Insegno per *L'eredità*, poi a lui rinuncia perché la società di produzione proprietaria del format, la Banijay, non lo ritiene più all'altezza degli ascolti sempre avuti dal programma, e non è assolutamente disposta a mettere in discussione il valore del suo titolo, questo di fatto vuol

dire che la gestione degli artisti non è più in mano all'editore. O Insegno i dirigenti di Viale Mazzini lo difendevano in qualche modo o non avrebbero mai dovuto scritturarlo. Io personalmente non l'avrei fatto: il suo è un modo di fare tv davvero troppo vecchio e lui non riesce più a risultare empatico e convincente.

Stai facendo un discorso che di fatto è anche politico.
Sì, inevitabilmente. Ma in realtà sto soltanto parlando di televisione. Se la Rai dimentica di tutelare i fondamentali della sua missione rischia di non stare più sul mercato e quindi di perdere in un futuro prossimo anche il canone, in pratica il cinquanta per cento delle sue entrate. Senza il consenso della gente, il canone – per altro obbligatorio – non ha più ragione di essere. E non credo che a qualcuno convenga ridurre la Rai come il Pbs americano – Public Broadcasting Service – il network no-profit nazionale pubblico che da tempo è ininfluente sotto tutti i punti di vista. Torno a Celentano e al *Fantastico 8* del 1987, quello dopo il passaggio di Baudo e Carrà a Canale5. Se non ci fosse stata una dirigenza capace, coraggiosa e professionale, la Rai non avrebbe vinto quella sfida e sarebbe crollata.

Mi dai la tua definizione di servizio pubblico televisivo, oggi?
Il mio è un mantra: deve puntare sempre e comunque al bene comune, dando spazio a voci diverse, facendo un'informazione indipendente, un intrattenimento capace di divertire e coinvolgere, una divulgazione culturale rigorosa e popolare. Insomma, una tv che migliora la vita. Il problema è che oggi si governa la Rai con i criteri dello spoils sy-

stem americano, non con quelli del pluralismo che hanno garantito, nonostante i tanti e gravi errori fatti, settant'anni di tv pubblica equilibrata, utile e amata. Così decide solo il più forte politicamente con l'aggravante che l'organizzazione trasversale in «direzioni di genere» ha radicalmente trasformato l'identità delle reti e dell'offerta. Non c'è più un responsabile della linea editoriale e culturale. Contano solo l'ascolto e l'appartenenza politica. Se si pensa unicamente al potere e non si hanno uomini esperti e motivati, professionisti all'altezza delle nuove sfide, innovativi e coraggiosi, ma solo signorsì arroganti e senza idee, sogni e visioni, il sistema va in tilt. La barca non può essere guidata soltanto da clandestini della tv.

Si va a sbattere?
Certo. Non ho dubbi. Se di fronte o dietro le telecamere ci resta solo gente che ne sa poco o niente del mezzo, si finirà per distruggere inevitabilmente il rapporto fra Rai e Paese.

Prima raccontavi che in passato ti definirono «samurai», termine giapponese derivato dal verbo «saburau» – che vuol dire servire – usato per definire la colta e fedelissima casta guerriera al servizio della nobiltà. Ti ci riconosci nella definizione?
Certo. Ho creduto e credo ancora fermamente nel servizio pubblico e nella sua missione.

I samurai fecero una brutta fine: a metà dell'Ottocento furono estromessi dalla vita pubblica e militare e poi sistematicamente sterminati dall'esercito regolare giapponese.
A me è andata meglio, dai. Ho fatto la mia parte fino all'ul-

timo giorno di servizio. E sono sopravvissuto. Stai cercando il titolo, vero?

Che ne pensi?
Forse l'hai trovato.

Ringraziamenti

Andrea Scarpa ringrazia:

Paola, Alma e Fiamma per la vita insieme, l'amore e tutto il resto.

Quell'innocente sconosciuta di mia figlia Emma e le ferite che non si rimarginano (non sembra ma servono anche quelle).

Mario Maffucci per l'entusiasmo, l'onestà e le tante lezioni di questi mesi importanti e divertenti.

Matteo Maffucci per la fiducia, l'energia e le nutrienti supercazzole di questi ultimi anni (quasi venti, ormai).

Maurizio Donati per la disponibilità, la professionalità e la pazienza.

Mario Maffucci ringrazia:

Luigi Martelli e Armando Portone per l'insegnamento del linguaggio delle immagini nella prima fase della mia formazione: il primo per le riprese, il secondo per il montaggio.

Carmela Elisabettini e Loretta Ricci, che mi hanno permesso di lavorare tranquillamente in produzioni costruite a regola d'arte.

Marco Zavattini, per la sua creatività e leggerezza, ma soprattutto per la straordinaria conoscenza delle risorse di spettacolo disponibili sul mercato. La mia crescita professionale, nella sua visione d'insieme, è avvenuta con lui.

Sandra Bemporad, che ha sempre costruito la struttura organizzativa del Festival di cui ero responsabile.

Bibi Ballandi, che ha realizzato grandi eventi e show di livello perché, primo nel mercato, ha potenziato la sua società di competenze e risorse che gli hanno permesso di dare risposte convincenti, talvolta innovative, alle richieste della mia Struttura di programmazione. In particolare ho potuto provare nel periodo estivo al Bandiera Gialla (discoteca in disuso trasformata in location TV) personaggi emergenti che poi sono stati impegnati nel Palinsesto dell'anno. In primis, Carlo Conti.

Ugo Porcelli, autore di riferimento di Renzo Arbore, è stato prezioso anche per me: ha selezionato format europei e americani, adattandone le formule per la Rai.

Un grazie particolare a chi mi ha assistito con pazienza e intelligenza nel prezioso servizio di segreteria: la mitica Carla Cocuccioni e Patrizia Carità, Anna Silvestri e Mirella Cannoli. Ho avuto ad assistermi la collaborazione competente e la confidenza nei momenti difficili di Marco Luci (al ritorno dal primo Erasmus), Moira Anastagi e Casimiro Lieto. Oggi Marco è tra gli autori di prima grandezza e Moira è una brava regista televisiva.

Appendice

PRESIDENTI RAI

Arturo Carlo Jemolo: 20 aprile 1945–9 agosto 1946
Giuseppe Spataro: 9 agosto 1946–17 maggio 1951
Cristiano Ridomi: 17 maggio 1951–11 marzo 1954
Antonio Carrelli: 3 giugno 1954–4 gennaio 1961
Novello Papafava: 4 gennaio 1961–25 marzo 1964
Pietro Quaroni: 29 maggio 1964–12 aprile 1969
Aldo Sandulli: 23 aprile 1969–18 febbraio 1970
Umberto Delle Fave: 24 marzo 1970–22 aprile 1975
Beniamino Finocchiaro: 23 maggio 1975–20 gennaio 1977
Paolo Grassi: 20 gennaio 1977–12 giugno 1980
Sergio Zavoli: 12 giugno 1980–23 ottobre 1986
Enrico Manca: 23 ottobre 1986–19 febbraio 1992
Walter Pedullà: 19 febbraio 1992–13 luglio 1993
Claudio Dematté: 13 luglio 1993–12 luglio 1994
Letizia Moratti: 12 luglio 1994–24 aprile 1996
Giuseppe Morello: 24 aprile 1996–10 luglio 1996
Vincenzo Siciliano: 10 luglio 1996–21 gennaio 1998
Roberto Zaccaria: 3 febbraio 1998–16 febbraio 2002

Vittorio Emiliani: 16 febbraio 2002–22 febbraio 2002
Antonio Baldassarre: 5 marzo 2002–26 febbraio 2003
Paolo Mieli: 7 marzo 2003–13 marzo 2003
Lucia Annunziata: 13 marzo 2003–4 maggio 2004
Francesco Alberoni: 5 maggio 2004–31 maggio 2005
Sandro Curzi: 1° giugno 2005–30 luglio 2005
Claudio Petruccioli: 31 luglio 2005–25 marzo 2009
Paolo Garimberti: 26 marzo 2009–8 giugno 2012
Anna Maria Tarantola: 8 giugno 2012–5 agosto 2015
Monica Maggioni: 6 agosto 2015–26 luglio 2018
Marcello Foa: 27 luglio 2018–16 luglio 2021
Marinella Soldi: 16 luglio 2021–10 agosto 2024

AMMINISTRATORI DELEGATI RAI

Carica non in uso (1945-1954)
Filiberto Guala: 3 giugno 1954–26 giugno 1956
Marcello Rodinò di Miglione: 27 giugno 1956–28 aprile 1965
Gianni Granzotto: 29 aprile 1965–12 aprile 1969
Luciano Paolicchi: 13 aprile 1969–28 luglio 1971
Carica non in uso (1971-2018)
Fabrizio Salini: 27 luglio 2018–16 luglio 2021
Carlo Fuortes: 16 luglio 2021–8 maggio 2023
Roberto Sergio: 15 maggio 2023–10 agosto 2024

DIRETTORI GENERALI RAI

Salvino Sernesi: 18 marzo 1947–16 maggio 1953
Giovan Battista Vicentini: 13 marzo 1954–13 marzo 1955
Rodolfo Arata: 13 aprile 1956–30 settembre 1960

Ettore Bernabei: 5 gennaio 1961–18 settembre 1974
Michele Principe: 23 maggio 1975–25 gennaio 1977
Giuseppe Glisenti: 26 gennaio 1977–17 giugno 1977
Pierantonino Berté: 12 luglio 1977–18 giugno 1980
Villy De Luca: 19 giugno 1980–21 luglio 1982
Biagio Agnes: 29 luglio 1982–1° febbraio 1990
Gianni Pasquarelli: 5 febbraio 1990–23 luglio 1993
Gianni Locatelli: 23 luglio 1993–3 agosto 1994
Gianni Billia: 3 agosto 1994–31 dicembre 1994
Raffaele Minicucci: 16 gennaio 1995–28 febbraio 1996
Aldo Materia: 6 marzo 1996–15 luglio 1996
Franco Iseppi: 15 luglio 1996–8 febbraio 1998
Pier Luigi Celli: 9 febbraio 1998–9 febbraio 2001
Claudio Cappon: 9 febbraio 2001–19 marzo 2002
Agostino Saccà: 19 marzo 2002–27 marzo 2003
Flavio Cattaneo: 27 marzo 2003–5 agosto 2005
Alfredo Meocci: 5 agosto 2005–20 giugno 2006
Claudio Cappon: 22 giugno 2006–2 aprile 2009
Mauro Masi: 2 aprile 2009–2 maggio 2011
Lorenza Lei: 3 maggio 2011–16 luglio 2012
Luigi Gubitosi: 17 luglio 2012–5 agosto 2015
Antonio Campo Dall'Orto: 6 agosto 2015–2 giugno 2017
Mario Orfeo: 9 giugno 2017–26 luglio 2018
Alberto Matassino: 27 marzo 2019–8 maggio 2023
Giampaolo Rossi: 15 maggio 2023–1° ottobre 2024
Roberto Sergio: 1° ottobre 2024–*in carica*

DIRETTORI DI RAI1

Carica non in uso (1945-1954)
Giuseppe Matteucci: 3 gennaio 1954–14 marzo 1976

Mimmo Scarano: 15 marzo 1976–6 marzo 1980
Paolo Valmarana: 7 marzo 1980–9 ottobre 1980
Emmanuele Milano: 10 ottobre 1980–6 aprile 1987
Giuseppe Rossini: 7 aprile 1987–8 dicembre 1988
Carlo Fuscagni: 9 dicembre 1988–25 luglio 1993
Nadio Delai: 26 luglio 1993–16 settembre 1994
Brando Giordani: 17 settembre 1994–14 agosto 1996
Giovanni Tantillo: 15 agosto 1996–31 maggio 1998
Agostino Saccà: 1° giugno 1998–18 giugno 2000
Pier Luigi Celli: 19 giugno 2000–10 settembre 2000
Maurizio Beretta: 11 settembre 2000–29 aprile 2001
Agostino Saccà: 30 aprile 2001–5 maggio 2002
Fabrizio Del Noce: 6 maggio 2002–27 maggio 2009
Mauro Mazza: 28 maggio 2009–28 novembre 2012
Giancarlo Leone: 29 novembre 2012–17 febbraio 2016
Andrea Fabiano: 18 febbraio 2016–11 ottobre 2017
Angelo Teodoli: 12 ottobre 2017–26 novembre 2018
Teresa De Santis: 27 novembre 2018–14 gennaio 2020
Stefano Coletta: 14 gennaio 2020–25 maggio 2023

Sommario

I libri Fuoriscena

Milena Gabanelli, Simona Ravizza

Codice rosso

(Sette edizioni)

Era un modello per il mondo intero. Si è sgretolato. Siamo in tanti ad averne avuta esperienza diretta, non esisteva però ancora un libro che in profondità, con documenti, report riservati, storie, testimonianze e dati aggiornatissimi, raccontasse come si è arrivati al tracollo della sanità italiana e alla deriva di un sistema dove per chi non ha soldi diventa sempre più difficile curarsi, ma, come leggerete, non basta potersi permettere visite ed esami a pagamento per sentirsi al sicuro.

Che cosa rivela *Codice rosso*? Che in sala operatoria finiscono chirurghi senza aver eseguito un numero minimo di interventi necessari per padroneggiare il bisturi; che se abbiamo un'emergenza e dobbiamo correre all'ospedale, non è improbabile che a visitarci ci sia un medico gettonista arruolato attraverso cooperative e in servizio da più di dieci ore; che il grande affare delle assicurazioni arriva a generare interventi non necessari ma praticati lo stesso per ricevere i rimborsi, con conseguenze drammatiche; che nel privato c'è perfino chi sta lavorando a programmi per individuare ipocondriaci e proporgli pacchetti d'esami e visite a pagamento; e molto altro.

Quella che vi apprestate a leggere è l'inchiesta più completa sulla sanità italiana. Milena Gabanelli e Simona Ravizza, che ormai da anni con *Dataroom* raccontano le falle del Servizio sanitario, mettono nero su bianco la condizione in cui versano gli ospedali (trovate le liste degli istituti – anche blasonati – con macchinari vecchi e inadatti; punti nascita e Pronto soccorso da evitare), lo svilimento della medicina di base e delle professioni mediche, gli interessi e le strategie delle lobby dei sindacati di categoria (medici di famiglia, farmacisti, eccetera) per difendere lo status quo, l'ordinaria follia a cui è sottoposto chi deve prenotare una visita e perfino chi deve gestire una malattia anche grave, e la speculazione che ruota attorno alle residenze per anziani. Infine, come tutto questo sia funzionale alla sanità a pagamento, che a sua volta veicola un inganno non sempre visibile. La denuncia ha un unico obiettivo: rendere consapevoli i cittadini delle vere ragioni di un malfunzionamento, in modo che non si possa più raccontar loro menzogne, e pretendere quindi dalla politica la competenza necessaria a riparare gli immensi errori commessi finora.

Roberto Saviano

Noi due ci apparteniamo

Sesso, amore, tradimenti. Hanno creato e distrutto imperi, compreso quello criminale. A quasi vent'anni dalla pubblicazione di *Gomorra*, il libro che ha sovvertito le regole del racconto di realtà, Roberto Saviano torna con un reportage narrativo lacerante, innervato di storia e resoconto giudiziario. Uomini dal cuore di tenebra, donne che non appaiono più come semplici gregarie del boss di turno ma si trasformano, di racconto in racconto, da vittime a carnefici, da portatrici di salvezza a diaboliche assassine.

Con lo stile che lo ha reso famoso in tutto il mondo, Roberto Saviano ci trascina in una narrazione torrenziale che sgorga impetuosa già dalla prima pagina: in una serata come tante, uno dei bravi ragazzi seduti al tavolo da poker, rimasto a corto di denaro, mette sul piatto una puntata sconvolgente che lascia gli altri esterrefatti. Di capitolo in capitolo, animano le pagine personaggi epici, tragici, ma sempre profondamente umani, fotografati per la prima volta in quella dimensione privata, sessuale, amorosa, spesso lontana dagli occhi ma sempre determinante, perché costruisce o distrugge alleanze, afferma linee di potere, stabilisce la rispettabilità del boss o ne condanna l'intera stirpe.

«In un placido agrumeto siciliano o in una Vela di Scampia, sulla fiorente costa laziale o in un prefabbricato alle porte di Milano, nel trambusto newyorkese, da nord a sud e da est a ovest, in ogni possibile angolo dell'universo criminale: non si scherza con l'amore, e non si scherza con il sesso. Molte delle persone di cui sto per raccontarvi l'hanno imparato a proprie spese.»

Giovanni Fasanella, Corrado Incerti

Berlinguer deve morire

Il 3 ottobre 1973, mentre è diretto all'aeroporto di Sofia, al termine di una difficile visita ufficiale in Bulgaria, Enrico Berlinguer è vittima di un incidente stradale. Il suo interprete muore e due dirigenti del Partito comunista bulgaro rimangono gravemente feriti. Il segretario del Pci si salva per miracolo. Per anni, sulla notizia cala il silenzio.

Fino a quando il senatore dell'allora Pds Emanuele Macaluso svela un retroscena clamoroso: sulla strada verso l'aeroporto, Berlinguer doveva morire.

L'ipotesi di un complotto ordito dai governi «amici» dell'Est viene smentita dai dirigenti del vecchio Pci, ma incoraggiata dalle confidenze della vedova Berlinguer, a cui il marito aveva manifestato da subito i suoi sospetti.

La rivelazione di Macaluso è l'inizio del lavoro investigativo contenuto in questo libro, che passa da Sofia agli archivi dell'Istituto Gramsci, fino alle carte del dossier Mitrokhin. *Berlinguer deve morire* è un'inchiesta giornalistica estremamente precisa e documentata, che si legge come un thriller politico. Arricchita da una premessa di Walter Veltroni, da un ampio saggio introduttivo di Giuseppe Vacca e da nuovi importanti documenti e testimonianze in Appendice. Un lavoro imprescindibile, qui riproposto in una nuova edizione aggiornata, che restituisce all'uomo politico Enrico Berlinguer tutto lo spessore, la forza e la centralità che ha avuto nella storia della Prima repubblica.

Paolo Biondani

La ragazza di Gladio e altre storie nere

(Due edizioni)

Ha la forza di un romanzo storico e la trama avvincente di un giallo, ma descrive la realtà: questo libro racconta tutta la verità (dimostrata nei processi) sulle stragi nere che hanno insanguinato l'Italia dal 1969 al 1980 e sulla strategia di terrorismo mafioso che ha continuato a colpire dal 1984 al 1993.

«In queste pagine ci sono tutti (e solo) i fatti certi e incontestabili, comprovati dalle sentenze definitive, sulla bomba del 12 dicembre 1969 in Piazza Fontana, il massacro del 2 agosto 1980 alla stazione di Bologna, l'eccidio del 23 dicembre 1984 sul Rapido 904, la notte delle autobombe del 27 luglio 1993 e tutti gli altri attentati che per venticinque anni hanno condizionato la nostra storia, tra criminalità e terrorismo politico.

Al centro del racconto c'è la testimonianza straordinaria (riportata solo nelle parti già riscontrate) di una donna che ha vissuto dall'interno le trame nere e può offrirne uno spaccato unico: è come un filo d'Arianna, che ci guida nei labirinti dell'eversione svelando le reti di controllo e di collegamento fra tutti gli attentati. «La ragazza di Gladio» spiega la premessa «è una testimone importante nei processi sulla strage di Brescia, che sono ancora in corso. È una donna che custodisce molti segreti del terrorismo neofascista e, cinquant'anni dopo, ha ancora paura.»

Oggi hanno un nome almeno alcuni dei responsabili dell'eccidio del 28 maggio 1974, mezzo secolo fa, e di molti altri attentati. Non è vero che le stragi sono un mistero, e questo libro lo dimostra.

C'è una verità storica e giudiziaria che i cittadini, anche i più giovani, hanno diritto di conoscere. Una storia di terroristi neri, servizi deviati, depistaggi piduisti e bombe mafiose che è il grande segreto, o la cattiva coscienza, di una nazione senza memoria.

Giacomo Matteotti
Manifesto socialista

Ma come si fa a esser riformisti e rivoluzionari? Realisti e intransigenti? Attraverso le parole di Giacomo Matteotti, che così sintetizzò la sua visione del socialismo («fin dal congresso del 1902, ci proclamammo riformisti perché rivoluzionari»), questo piccolo libro ha l'ambizione di proporsi al lettore come un pamphlet politico. Non si tratta, arbitrariamente o banalmente, di tirare fuori gli scritti e i discorsi di Matteotti dal contesto che ha contribuito a generarli. Allo stesso tempo, con queste pagine non si vuole solo rendere omaggio – doveroso ma riduttivo – al martire antifascista. Per restituire a Matteotti la profondità tipica dei classici, questo libro ne raccoglie l'eredità intellettuale e politica attraverso alcuni nodi fondamentali: la radicale lotta contro le disuguaglianze; un'interpretazione profonda della società attraverso la lente di classe – oggi per lo più estranea al dibattito pubblico –; un convinto e argomentato antimilitarismo; una visione illuminata della scuola e più in generale dell'istruzione come condizioni per un riscatto sociale altrimenti impossibile; l'importanza di una politica fiscale in cui la garanzia dell'interesse privato non oscuri la centralità del benessere collettivo. Sullo sfondo di questi temi, un'idea di politica come professione, costruita necessariamente sulla competenza. Un punto che marca drammaticamente la distanza dal nostro presente e tuttavia ci invita, cento anni dopo la morte di Matteotti, a ritornare a una lezione ancora estremamente viva e fertile.

Questo libro raccoglie la testimonianza del parlamentare socialista Matteotti dal 1906 (quando aveva appena ventidue anni) al suo omicidio, a quarant'anni. Molto più giovane di ogni politico di oggi, eppure di un peso e di una statura neppure confrontabili.

Anna Kuliscioff

Non sono la signora di nessuno

Questo libro raccoglie la testimonianza straordinaria di una donna e attivista politica che ha segnato in maniera indelebile il Novecento. Una raccolta di scritti composta da interventi per conferenze, articoli apparsi su «Critica sociale» e l'«Avanti!», carteggi con Andrea Costa e Filippo Turati, i compagni di una vita, in cui privato e politico seguono un'unica trama. In queste pagine troviamo i temi cardine dell'attività politica e militante che Anna Kuliscioff ha portato avanti con determinazione per tutta la vita. A partire dalla riflessione sulla condizione femminile nella società del monopolio dell'uomo, fino all'insistenza sulla necessità del conseguimento, per le donne di ogni classe sociale, dell'autonomia economica, del diritto di voto e della rappresentanza politica alle giuste condizioni, non solo come espediente per ottenere consenso elettorale.

Con sguardo attento e appassionato, che non risparmia critiche tanto necessarie quanto scomode, come quella al femminismo più borghese e di facciata, Kuliscioff ha seguito e partecipato ai grandi avvenimenti della sua epoca in Russia, in Italia e nel resto d'Europa. Se alcuni traguardi a lei cari sono stati ormai raggiunti, anche grazie alle sue battaglie, altre questioni restano invece inesorabilmente aperte: la violenza economica sulle donne all'interno delle famiglie è una realtà ancora diffusa e difficile da rilevare; la cura, lungi dall'essere valorizzata come dovrebbe, continua a essere uno strumento di controllo ed esclusione di genere; la forza lavoro femminile resta, trasversalmente, tra le più precarie, penalizzate, meno pagate e più sfruttate.

Le parole e la vicenda stessa di Anna Kuliscioff, dunque, parlano direttamente al nostro tempo e meritano di essere rilette e comprese in tutta la loro potenza.

Giovanni Gentile
Manifesto degli intellettuali fascisti
Benedetto Croce
Manifesto degli intellettuali antifascisti

Il cuore di questo libro è il rapporto tra intellettuali e potere. Se c'è stata un'egemonia culturale della sinistra, raramente si sente parlare dell'egemonia culturale di destra che ha dominato il Paese nel ventennio fascista. I più grandi intellettuali di allora furono fascisti, non per paura del manganello o di ritorsioni ma per assoluta convinzione politica e morale, come si può leggere limpidamente in queste pagine.

«Dobbiamo abbandonare una vecchia immagine del fascismo come fenomeno reazionario incapace di produrre cultura» scrive Alessandra Tarquini nell'introduzione al *Manifesto degli intellettuali fascisti*, sottoscritto tra gli altri da Ungaretti, Pirandello, Malaparte, Marinetti, e il cui autore, Giovanni Gentile (che resterà fascista fino alla morte, nel 1944, ucciso dai partigiani dei Gap), è uno dei massimi filosofi italiani del Novecento.

All'egemonia culturale fascista risponderà con un testo speculare – il *Manifesto degli intellettuali antifascisti* – un gruppo guidato da Benedetto Croce e da Giovanni Amendola. Il loro antifascismo segue l'indirizzo del cosiddetto «Aventino» (il ritiro dell'opposizione parlamentare dopo l'omicidio Matteotti del 10 giugno 1924), porta alta la bandiera del liberalismo democratico e riconosce una clamorosa leggerezza (dopo la marcia su Roma, infatti, Croce aveva ritenuto il fascismo un fenomeno passeggero, e il 24 giugno 1924 aveva votato in Senato la fiducia al Duce).

Rileggere le parole di allora (estremamente illuminanti ed evocative) è un'occasione per guardare da dove veniamo, per capire chi siamo stati e chi possiamo essere.

Questo libro è stampato fabbricato da Grafica Veneta S.p.A.
con un processo di stampa e rilegatura certificato 100% carbon neutral
in accordo con PAS 2060 BSI

Finito di stampare nel mese di dicembre 2024
per conto di RCS MediaGroup S.p.A.
da Grafica Veneta S.p.A., Via Malcanton 2, Trebaseleghe (PD)
Printed in Italy